내 인생은 내가 정의한다
이혼가정 출신을 위한 '사회 프레임 해체법'

내 인생은 내가 정의한다

이혼가정 출신을 위한 '사회 프레임 해체법'

류에스더 지음

마음세상

글에는 작가 고유의 지문이 있습니다.
작가의 심리와 무의식이 반영된 자유로운 문체를 추구합니다.
비문과 오문을 허용하며 글맛을 살렸습니다.

'장미의 가시를 보며 불평할지

가시 사이에 핀 장미를 보며 감사할지는

오롯이 당신의 선택이다!'

추천사 1

Endorsement

Harville Hendrix and Helen LaKelly Hunt want to encourage anyone to enjoy this wonderful book. What a heartfelt and transformative journey Esther has shared in this book. With empathy and wisdom, Conquering Prejudice with Confidence opens the door to healing for those often misunderstood—children of divorced families. This book is a sanctuary for anyone who has ever felt marginalized or stigmatized by society's narrow labels. Esther's courageous reflections challenge deeply ingrained biases, urging us to see beyond the surface and embrace the full spectrum of our experiences.

Through the Law of Polarity lens, the narrative invites us to rethink what is "good" or "bad" in our lives. With profound tenderness, Esther shows how even the most painful experiences, like parental divorce, can become a springboard for growth, resilience, and strength. She reveals that the key to breaking free from societal judgment lies in cultivating confidence—a confidence that is born from within, not defined by external labels.

This book is not just for children of divorced families; it is for anyone who has ever struggled with being boxed in by others' expectations. It speaks to the heart of overcoming shame, embracing self-love, and choosing a path of positive transformation. Through Esther's vulnerability and wisdom, we are reminded that our circumstances do not define us but by the strength we carry within us.

A truly compassionate and empowering read, this book offers the nurturing reminder that we all have the power to rewrite our stories. No matter the challenges, we can choose to shine brightly, confidently, and with love. Conquering Prejudice with Confidence is a testament to the power of self-discovery and the profound impact of choosing to believe in oneself.

-Helen LaKelly Hunt & Harville Hendrix-

추천사 번역본

하빌 헨드릭스와 헬렌 라켈리 헌트는 이 놀라운 책을 많은 분이 꼭 읽어보시길 권합니다. 이 책에서 에스더는 마음을 울리는 깊은 여정을 진솔하게 들려주며, 변화를 가져오는 특별한 경험을 선사합니다. '편견을 자신감으로 극복하기'는 공감과 통찰을 바탕으로, 종종 오해받고 소외된 이들—이혼 가정의 자녀들에게 치유의 길을 제시합니다. 또한, 이 책은 사회적 낙인과 편협한 시각으로 인해 소외감을 느낀 모든 이들을 위한 따뜻한 안식처가 되어줍니다. 에스더의 용기 있는 내면 고백은 깊이 뿌리박힌 편견에 도전하며, 사람들로 하여금 겉모습을 넘어 삶의 다양한 경험을 온전히 받아들이도록 독려합니다.

'양극성의 법칙'이라는 독창적 관점을 통해, 이 서사는 우리가 삶에서 "좋음" 또는 "나쁨"으로 규정했던 것들을 새롭게 바라볼 기회를 제공합니다. 에스더는 부모님의 이혼과 같은 가장 고통스러운 경험조차 성장, 회복력, 강인함을 위한 도약대가 될 수 있음을 섬세하게 보여줍니다. 그녀는 사회적 판단에서 벗어나기 위해 중요한 것은 외부의 기준이 아닌, 내면에서 피어나는 진정한 자신감을 키우는 것임을 알려줍니다.

이 책은 단지 이혼 가정의 자녀들만을 위한 것이 아닙니다. 그것은 타인의 기대 속에 갇혀 본 적 있는 모든 이들을 위한 책입니다. 자기를 사랑하고 수치심을 극복하며 긍정적인 변화를 선택하는 법을 이야기합니다. 에스더의 깊은 진솔함과 지혜를 통해 우리는 우리의 환경이 아닌, 내면의 강인함이 우리를 정의한다는 것을 깨닫게 됩니다.

진정으로 따뜻하고 힘이 되는 이 책은 우리 모두가 자신의 이야기를 새롭게 쓸 힘을 가지고 있다는 것을 일깨워줍니다. 어떠한 역경이 찾아오더라도, 우리는 밝고 자신감 넘치며 사랑으로 가득 찬 삶을 선택할 수 있습니다. '편견을 자신감으로 극복하기'는 자기 발견의 힘과 자신을 믿는 선택이 가지는 깊은 영향력을 증명하는 책입니다.

-헬렌 라켈리 헌트 & 하빌 헨드릭스-

[하빌 헨드릭스 박사 Harville Hendrix, Ph.D.]

　미국 서던 캘리포니아 데이브레이크대학교 챈슬러 겸 석좌교수

　헬렌 라켈리 헌트 박사와 이마고부부치료 공동개발, 전 세계 약 50여개국에 보급

　뉴욕타임스 베스트셀러로 약 40여개의 언어로 번역되어 전 세계적으로 널리 보급

　대표저서: 〈당신이 원하는 사랑만들기: 커플 가이드〉외 다수

　오프라 윈프리 쇼 18번 초청 출연한 전 세계적 명강사

[헬렌 라켈리 헌트 박사 Helen LaKelly Hunt, Ph.D.]

　미국 서던 캘리포니아 데이브레이크대학교 챈슬러 겸 석좌교수

　하빌 헨드릭스 박사와 이마고부부치료 공동개발

　약 10여권의 이마고부부치료 저서 공동으로 집필한 뉴욕타임스 베스트셀러 작가

　하빌 핸드릭스 박사와 SC(Safe Conversations)안전한 대화 공동개발, 175개국 개최, 한국 MBC TV 스페셜 등 각종 언론 매체에 소개됨.

추천사

이 책에는 이혼가정에서 성장한 자녀들이, 이 세상의 편견이 만들어낸 그런 잘못된 가치가 아닌, 나 자신의 진정하고 소중한 가치를 새롭게 정립함으로써, 가정에서나 세상에서 어떤 역할로서가 아닌, 진정한 나 (True Self)를 사랑할 수 있게 되고, 더 나아가 진정한 자기를 실현할 수 있도록 이끌어주는, 류 에스더 작가님의 상담전문가로서의 진정성과 따뜻한 외침이 오롯이 담겨있다. 사실 나 자신의 아픔과 상처, 연약성과 취약함을 이 세상에 그대로 드러낸다는 것은, 엄청난 용기를 필요로 하는 것이다. 그럼에도 불구하고, 류에스더 작가님은 이혼가정에 대한 치유와 성장을 바라는 자신의 꿈과 불꽃 같은 열정으로, 자신의 상처를 드러내는데 아무 주저함이 없다. 그 용기와 열정에 진심으로 존경과 힘찬 응원을 보내드리고 싶다. 또한 이 소중한 책을, 이혼가정에서 성장한 모든 분과, 그분들을 좀 더 이해하고 싶은 분들께, 그리고 상담 현장에서 이혼가정을 상담하고자 하는 모든 상담사님께 기쁜 마음으로 추천하고 싶다.

-오제은-

[오제은 박사]

데이브레이크대학교 총장, 베스트셀러 작가, 주요 저서와 역서: 〈오제은 교수의 자기사랑노트〉, 〈상처받은 내면아이 치유〉, 〈가족: 진정한 나를 찾아 떠나는 심리여행〉, 〈칼 로저스의 사람-중심 상담〉 외 다수.

프롤로그

　이 세상 모든 만물에는 양극이 공존한다. 그래서, 백 퍼센트 완벽하게 좋은 것도, 백 퍼센트 완벽하게 나쁜 것도 없다. 단지, 좋아 보이는 것과 나빠 보이는 것이 있을 뿐이다. 겉으로 좋아 보이는 것이 품고 있는 부정적인 면에 우리는 겸손할 수 있고, 나빠 보이는 것이 품고 있는 긍정적인 면에 우리는 희망을 걸어 성장할 수 있다. 결국, 어떤 면에 방점을 찍고 인생을 만들어 갈 것인가는 온전히 자신의 몫이고 선택이다. 이것이 바로 우리가 이해해야 할 '양극성의 법칙'이다.

　나는 오랜 시간 스스로에게 질문을 던져 왔다.

　'부모님의 이혼이 꼭 나에게 나쁜 것이었을까?'

'부모님의 이혼이 나에게 불행만 가져왔을까?'

'부모님이 이혼하지 않았다면 지금의 나는 행복했을 거라 단언할 수 있는가?'

'어린 시절의 나는 부모님이 만든 환경에서 건강하게 성장할 수 있었을까?'

'이혼가정 자녀들의 삶이 솔직히 불행하기만 할까?'

'부모의 현존과 자녀의 행복은 과연 비례할까?'

'이혼가정의 자녀들은 왜, 자연스레 그 부모로부터 버려진 존재로 여겨지는 것인가?'

'그들이 말하는 버려짐의 기준은 무엇인가?'

'어째서, 내가 버려지고 버려지지 않고를 그들 마음대로 정하는 것인가?'

'부모님의 이혼에 대한 부끄러움과 분노가 왜, 우리에게 당연한 것이어야 하는가?'

'생존을 위해 이혼을 선택했다는 그들의 말을 우리는 어떻게 바라보고 이해해야 하는가?'

'어른이 되면 이혼한 부모를 이해하게 될 것이라는 말이 어른이 된 지금도 이기적으로 들리는 이유는 무엇인가?'

'이혼가정의 자녀라는 이유만으로 당하는 사회적 불평등과 부당함에 우리는 어떻게 반응하고 대처해야 하는가?'

'부모가 이혼하지 않은 가정을 정상적인 가정 또는 온전한 가정이라 말한다. 그럼 이혼가정은 비정상적인 가정 또는 온전치 못한 가정인가? 그들이 이야기하는 정상과 비정상, 온전함과 온전치 않음의 기준은 무엇이며 어떻게 규정하고 있는가?'

　'우리나라 가족 전체의 약 90%를 차지하는 비이혼가정의 아동과 청소년들, 그들은 매 순간 안녕한가?'

　'OECD 국가 중 우리나라 청소년의 자살률 1위라는 불명예와 저조하기 짝이 없는 행복지수의 성적은 어떻게 설명할 것인가?'

　'왜, 그들은 이혼가정 자녀들보다 비이혼 가정의 자녀들이 심리적으로나 정서적으로 더 건강하다 단언하며 일반화하려 하는가?'

　'부모님은 서로 헤어졌지만, 우리에겐 여전히 부모님이 존재한다. 그런데 왜, 우리를 한부모가정의 자녀라 부르는가? 우리는 왜, 이 단어를 마치 자신에게 딱 맞는 옷처럼 의심 없이 받아들이고 있는가? 부모의 이혼이란 결국 한쪽 부모의 존재를 완전히 상실한 것과 같다는 세상의 암묵적 메시지에 우린 왜, 침묵하는가?'

　'바람직한 어른의 역할모델은 이혼가정의 자녀들에게만 없는 것인가?'

　'건강한 인간관계의 표본은 이혼가정 자녀들에게만 부족한 것인가?'

　'무조건적인 부모의 깊은 사랑은 이혼가정의 우리만 경험하지 못

하는 것인가?'

　위의 질문들은 세상이 만든 논리에 맞든 틀리든 합리적이든 그렇지 않든 이해가 되든 말든 상관없이, 한동안 이혼가정 출신의 나를 편협한 시각으로 바라보며 나의 존재가치를 저평가하고 필요에 따라 조종하며 쉽게 이용하려던 대상들을 향해 날카롭게 던졌던 나만의 오래된 생각들이다. 혹시, 당신도 비슷한 질문들을 떠올려 본 적이 있는지 모르겠다. 이 질문들을 읽어 내려가면서 당신은 어떤 생각이 들었는가? 어떤 감정을 느꼈는가? 어떤 마음이 생겼는가? 당신의 머릿속에 저자가 들어갔다 나온 것 같아 흠칫하고 놀랐는가? 예상치 못한 신선한 내용에 깊은 공감으로 고개를 연신 끄덕이고 있었는가? 아니면, 왠지 읽는 것만으로도 마음에 불편함을 느꼈는가? 화가 났는가? 별로 마음에 들지 않았는가? 질문들이 너무 많아 짧은 순간 지루하게 느껴졌는가? 하하하. 이런! 최대한 줄였다고 생각했는데 말이다. 만약, 이 책이 당신 마음에 들지 않는다면 과감히 덮어도 좋다. 괜찮다. 당신과 맞지 않는 책이거나 저자와 공감으로 연결되기까지 시간이 필요할 수도 있다. 자! 그러나 예리한 당신은 이미 눈치를 채고, 의미심장한 얼굴로 씨익 미소를 짓고 있을지도 모르겠다. 그렇다! 이 질문들은 대부분 편견이라는 뿌리로부터 태어난 것들에 대한 반박이다. 우리가 알고 있는 것처럼 편견은 한쪽으로 치우치고 기울어진 편협한 생각이다. 이혼가정의 자녀는 한쪽 부모로부터 버려졌다는 편견, 정신적으로 심리적으로 건강하지 못할 것이라는 편견, 학업성취도가 현저히 낮을 거라는 편견, 사회의 부적응자가 될 것이라는 편견 등은 이혼가정 자녀들에게 가장 흔하게 씌워지는 프레임이다. 물론, 내가 이것을 편견이라 말한다고 해서 부모의 이혼이 주는 좋지 않은 영향들까지 전부 부인하는 것은 아니다. 실제로 자녀들에겐 극심한 스트레스 상황이 맞으며 트라우마로 연결될 수 있는 심각한 사건이다. 이를 뒷받침해주는 관련 연구나 저서들은 얼마든지 있다. 반면, 부모의 이혼이 어떤 부분에서는 자녀에게 긍정적인 영향을 준다는 연구도 있다.

 그럼, 편견 중에 가장 치명적이라 할 수 있는 '버려짐'에 대한 이야기를 해 보자. '버림을 받다'는 '일방적으로 관계가 끊기어 배척 당하다'라는 사전적 의미가 있다. 부모의 이혼과정에서 실제로 한쪽 부모로부터 일방적으로 버려지는 사례도 분명히 있다. 그러나 부모가 이혼하지 않았음에도 불구하고 심리적, 정서적, 신체적으로 자녀는 충분히 부모로부터 버림받음의 경험을 할 수 있다. 따라서 부모가 이혼했기 때문에 당연히 그 자녀도 버려졌다는 식의 생각은 맞지 않다. 편견이다. 비이혼가정의 자녀들은 큰 상처 없이 건강하게만 자란다고 생각하는가? 단언컨대, 이 세상에 상처 없이 자란 사람은 단 한 명도 없다. 모든 사람은 각자의 크고 작은 상처를 안고 살아가며 자신의 인생에 정교하게 각인된 트라우마로 의식적이든 무의식적이든 고통을 경험하며 함께 살아간다. 우리는 완벽한 양육을 받으며 성장하지 않았고 우리의 부모조차도 완벽한 양육을 받아본 적이 없다. 당연하다. 사람은 완벽한 존재가 아니기 때문이다. 그런 의미로 상처에 의한 여러 가지 고통과 부작용은 과연 이혼가정 자녀들만의 것이라 말할 수 있느냐 하는 것이다. 당연히 아니다. 이쯤 되면 당신도 내가 무슨 말을 하려는지 조금은 이해가 될 것이다. 따라서 이혼가정 자녀들의 심리적, 정서적 고통이나 장애가 마치 당연한 것처럼 여겨져선 안 된다는 생각이다. 오히려 부모의 이혼이 자녀들의 건강과 생명을 살리는 경우도 얼마든지 찾아볼 수 있기 때문이다. 이것은 확률에 관한 것이며 어디까지나 가능성의 문제일 뿐이다. 그렇다면 도대체 이 편견들은 어디서부터 온 것인가? 나로부터 인가? 아니면 외부로부터인가?

  우리 인간은 태어난 이후 사회화 과정을 거치면서 외부로부터 많은 영향을 받는다. 좋은 영향이든 나쁜 영향이든 원하든 원하지 않든 상관없이 들어오는 자극을 거르지 않고 흡수한다. 이것은 우리의 잠재의식에 장착이 되고 각자의 인생 태도를 만들며 그것을 기반으로 만들어낸 각본대로 살아가게 된다. 따라서, 자신에 대한 깊은 통찰이 없는 이상 성장 과정에서 형성된 각본, 자신의 무의식적 행동을 알아차리는데 여간 어렵지 않다. 내가 내 인생을 살아가는지 내 인생이 나를 살게 하는지 도통 감을 잡을 수가 없다. 그렇기에 외부의 편견으로부터 자유로워지기란 더욱 쉽지 않다. 편견은 우리의 무한한 가능성에 한계를 긋는다. 그 한계에 갇힌 우리는 진정한 나, 진짜 나를 발견하는 일에 어려움을 겪는다. 다름을 수용하는 것에 유달리 엄격한 사회로부터 무심히 던져진 이혼가정의 자녀라는 이름표 속에는 대면하고 싶지 않은 부정적인 낙인들이 숨어있다. 이것들은 우리의 삶을 제대로 살지 못하게 발목을 잡을 뿐만 아니라 내가 나를 진정으로 사랑하지 못하게 만들고 부모를 끝없이 원망하게 하며 세상을 향한 분노를 맹렬히 토하게 만든다. 첫 페이지에 나열된 질문들은 부모님의 이혼을 이해하고 싶었고 꼬리표처럼 따라다니는 편견에서 벗어나고 싶었던 나의 처절한 흔적들이다. '이혼가정의 자녀'라는 낙인에서 파생되는 편견과 한계를 어떻게든 뛰어넘고 싶었다. 비겁하게 피하고 싶지 않았다. 결국 나는 세상의 편견과 정면승부를 선택했다. 물론 잘 안다. 나의 이런 생각이나 행동이 무모하게 보일 수 있다는 것쯤은! 성경 속 다윗이 거대한 골리앗을 쓰러뜨린 것처럼 단기간에 극적이며 환상적인 승리를 거둘 수 없다는 것쯤은 말이다. 보통 지극히 작은 한 사람이 오래되고 강력한 편견에 맞선다는 것 자체가 어림없는 일이란 생각이 자연스레 들지 않겠나! 그렇다고 그냥 세상이 만들어 놓은 일그러지고 편협한 틀에 갇혀 쥐 죽은 듯이 살아가는 것이 옳은 것인가? 아니면 환경이 만들어 놓은 한계가 마치 자신의 운명인 듯 순응하며 본 모습을 잃은 채 살아가야 맞는 것인가? 아니다. 그것은 아니었다. 아무리 생각해봐도 나로서는 너무 억울하고 부당한 일이었다. 아무리 좋은 말로 부드러운 모습으로 다가온다고 해도 편견은 편견이었고 한계는 한계였다. 그래서 생각했다. 내가 먼저 바뀌어야겠다고! 나의 패러다임을 바꾸고, 생각과 태도를 바꾸고 행동을 바꿔 이제라도 프레임에서 벗어난 진짜 내 인생을 살아보자고! 나에겐 내가 먼저 바뀌고, 당신이 바뀌고 또 다른 그 누군가가 바뀐다면 언젠가 편견은 힘을 잃고, 한계는 무너질 것이라는 강한 믿음이 있다. 그래서 말이다. 나는 나를 세상에 드러내기로 했다. 두렵지만 용기를 냈다. 나의 이 결단은 위험을 뛰어넘어 더 높고 큰 가치를 지향한다.

 나는 단순히 내 개인적인 경험이 담긴 이 책을 통해 일반화시킬 생각은 없다. 그러나 나는 생생하고 치열하게 겪어낸 내 인생의 경험을 존중하기에 자신감 있고 열정적으로 당신에게 말할 것이다. 나는 오늘도 꿈을 꾼다. 내가 웃을 때 나를 따라 함께 웃는 따뜻한 당신과 품이 넉넉한 세상을! 세상이 쓰고 있는 부정적이고 편협한 우리의 이야기를 긍정적이고 다채로운 이야기로 새롭게 쓸 수 있는 것은 바로 나와 당신뿐이다. 이것은 삶의 주인공인 우리 각자의 몫이며, 자신과 자신의 인생에 대한 진심 어린 존중이다.

 앞서 출간한 책 '나는 이혼가정의 자녀입니다.'는 부모의 이혼으로 파생된 어려움을 견디며 깊이 있게 성장한 자신을 소중히 여기는 것,

자신만의 진정한 가치를 새롭게 규정해야 할 중요성에 관한 이야기를 다루었다면, 이 책은 우리를 향한 세상의 편견과 경직된 프레임을 어떻게 바라봐야 하는지, 그것에 우리는 얼마나 당당해질 수 있는지에 관한 이야기다. 모든 것에는 대립하는 양극이 공존한다. 이 책에서는 '양극성의 법칙'을 기반으로 이야기를 풀어보겠다. 긍정을 선택하고 편견을 뒤집고 경직된 프레임에서 벗어난다면, 믿어지지 않을 만큼 편안하고 당당해진 자신을 알아차리게 될 것이다.

오호! 감사하게도 아직 이 책을 덮지 않은 당신!
나와 함께 다음 여정을 떠날 준비가 되었는가?
그렇다면, 기분 좋게 출발이다!

프롤로그 • 15

제1장 고통을 뛰어넘는 특별한 생각을 장착하라!

당신의 생각에 양극성의 법칙을 적용하라! • 27

결핍은 대반전 드라마의 핵심 소재가 될 수 있다 • 37

현실을 인정할 때 미래는 명확한 길을 찾아낸다 • 44

수치심은 마음을 알아줄 때 사라졌다 • 53

비를 피하지 마라. 그 속에서 당신만의 춤을 추어라! • 61

가난하다고 해서 우리가 받은 사랑까지 가난한 건 아니다 • 68

결핍은 새로운 영역을 계발한다 • 75

별은 밤이 어두워질수록 빛을 낸다 • 83

끝까지 포기하지 않는 나의 비범함을 사랑하기 시작했다 • 92

미쳤다! 역경은 기회였다 • 99

최악의 관계 속에 숨어있는 긍정 • 112

역경은 반드시 지나간다 • 123

제2장 편견을 제압하는 힘 '당당함'을 장착하라!

부모님의 이혼이 고마워지는 순간 세상 편견에 당당해졌다 • 129

사람은 통합적인 존재다 • 136

나는 지켜진 존재다 • 146

부모의 전쟁은 내 몸에 공포로 각인되었다 • 151

당신의 삶은 당신이 원하는 것보다 더 좋은 것을 준비하고 있다 • 159

결국 부모님의 이혼은 나를 위한 것이었다 • 168

누군가에겐 생존의 문제였다 • 175

에필로그 • 186

제1장

고통을 뛰어넘는
특별한 생각을 장착하라!

당신의 생각에 양극성의 법칙을 적용하라!

초등학교 3학년 1학기, 나는 부모님을 따라 할아버지, 할머니가 계신 시골로 이사했다. 전혀 상상하지 못했던 전학! 그렇게 나는 낯선 환경으로 갑작스레 던져졌다. 지금도 기억나는 것은 반장임명장을 받고 신이 났던 나의 모습과 그 기쁨을 맘껏 누릴 사이도 없이 유치원 때부터 다녔던 정든 학교와 친구들을 떠나 급한 이별을 해야만 했던 슬픈 마음이 한데 얽혀 혼란스러웠던 감정들이었다. 차를 타고 가면서 새로 들어갈 초등학교의 이름을 몇 번이고 엄마에게 물어봤던 장면도 생생하다. 갑작스러운 이별로 떠밀리듯 떠나보내야 했던 것들에 대한 충분한 애도의 시간은 나에게 허락되지 않았다. 그 와중에

낯선 환경은 실시간으로 내 마음을 억지로 열고 들어왔고, 실타래처럼 엉켜버린 내 감정은 존중받지 못했다. 그때부터 쏟아지는 불안 속에서 살아남기 위한 나의 전쟁은 시작됐다. 내가 살아갈 곳은 시골에서도 더 안으로 들어가야 하는 곳이었다. 자동차 내비게이션에 나타나 있던 길도 감쪽같이 사라지게 만드는 놀라운 곳이었다. 첨단 기술도 힘을 못 쓰게 만드는 마을답게 집 뒤에는 작은 산들이 병풍처럼 둘러싸 그 존재감을 드러내고 있었다. 대문 앞에는 논과 밭들이 널찍널찍 다양한 격자 모양새를 갖춰 드넓게 펼쳐져 있었다. 들판 모퉁이에서부터 바람이라도 불어올라치면 몸속 구석구석까지 시원하게 만드는 것이 한여름 에어컨이 따로 필요 없을 정도였다. 몇 가구 되지도 않는 집들이 옹기종기 모여 살았고 이웃들은 거의 친인척과도 같은 관계였다. 동네 어르신들의 시선이 마치 촘촘한 레이더망처럼 퍼져있어 나쁜 짓은 절대 못 할 것 같은 느낌이었다고나 할까? 어쨌든 이 동네는 아이들을 함께 키울 수 있는 최적의 시스템으로 자연스레 형성된 구조였다. 이런 시스템 덕분인지 터가 좋아서인지는 알 수 없지만 다양한 모양으로 성공한 인물들이 속속히 배출되었다.

    우리 집은 가난했다. 보통 흔히들 하는 이야기로 예전엔 그래도 잘 살았는데 어찌어찌해서 지금은 가세가 많이 기울었다는 것. 우리 할아버지 할머니도 그런대로 잘 사셨단다. 그 당시에는 일을 돕는 분도 계셨고 땅도 어느 정도 있었단다. 그러나 나에게는 말 그대로 옛날

옛적 이야기였다. 현실은 그냥 가난했다. 경제적으로 풍족하지 않았고 늘 부족했으며 기초생활수급자 수준의 생활이었다. 이런 상황에서 할머니는 나와 동생들을 키워내셨다.

보통 부모가 이혼하게 되면 재산이 반으로 나뉜다. 물론 아닌 경우도 적지 않지만 말이다. 법률적으로야 어찌됐든 처음부터 경제적인 여유가 있지 않은 이상 더 어려운 상황에 처하기 마련이다. 자녀의 주 양육자 부(모)는 경제적인 활동뿐만 아니라 혼자서 자녀를 키워야 하는 어려움이 있기에 원가족이나 주변의 도움 없이 빠르게 경제적으로 안정을 찾기란 쉽지 않다. 최근 이혼가정 자녀의 양육에 대한 고민을 함께하기 위해 연예인이 양육의 조력자로 연계되는 TV 프로그램을 우연히 시청한 적이 있다. 나는 순간 너무 놀랐다. 반가우면서 감사했다. 우리 사회가 이혼가정의 큰 어려움 중 하나인 자녀 양육에 관한 새로운 시각을 가질 좋은 기회라고 생각했기 때문이다. 자녀 양육의 어려움이 어느 정도 해결된다면야 조금이라도 편한 마음으로 자유롭게 경제활동을 할 수 있을 것이고 그에 따른 경제적 자립도 속도가 붙지 않겠나! 나도 예외 없이 어릴 때부터 경제적인 어려움을 겪었다. 어릴 적 내 기억으로 아빠는 몇 가지 작은 사업을 했었다. 그러나 불행히도 군인 출신의 아빠에겐 크게 사업 운이라고는 없었던 듯하다. 최악의 상황에서 시골로 이사를 하게 된 것은 짐작하건대 우리 가족에겐 마지막 희망이지 않았을까 한다.

대부분 부모의 이혼과 함께 따라오는 경제적인 어려움은 자녀에게도 반갑지 않은 불편하고 힘든 시련이다. 더구나 부모의 이혼율이 가장 높은 초등시기에서 사춘기 절정인 중학생 시기는 더 예민하게 경험되어질 수밖에 없다. 한쪽 부모에 대한 상실감은 물론 부모의 이혼을 막지 못했다는 죄책감과 무력감을 경험하기도 하지만 가난에 대한 수치심에 잔뜩 위축되어 자존감이 낮아지거나 자신감을 잃기도 한다. 왜 우리 집은 가난할까? 왜 우리 부모는 무능력할까? 원망이 생기기도 한다. 사실 누구랄 것도 없이 내가 그랬다. 학교에 내야 하는 돈을 기한까지 내지 못해 교무실로 불려간 적이 있었다. 다행히 혼자는 아니었다. 형편이 비슷한 다른 아이들도 같이 불려갔었다. 난 생처음 겪어보는 일이었고 그 수치스러움이란 이루 말할 수 없이 컸다. 나는 그 자리에서 도망치고 싶었고 내가 있어야 할 자리가 아니라며 현실을 부정하고 싶었다. 지금도 그때의 내 모습을 생각하면 미치도록 안쓰럽다. 가난, 즉 경제적인 결핍은 당신과 내가 잘 알다시피 긍정적인 경험보다 대부분 부정적인 경험이 연결되어 있다. 이러한 결핍을 우리는 어떻게 바라봐야 할까? 가난한 환경에 던져졌으니 당연한 운명인 듯 받아들이며 살아가야 할까? 아니면 이혼한 부모를 끊임없이 원망하는 부정적 알고리즘에 빠져 피폐한 삶을 살아야 할까? 이도 저도 아니면 이번 생은 망했으니 그냥 포기한 상태로 희망을 잃은 좀비처럼 살아야 할까? 이런 질문들이 썩 당신 마음에는 들지 않을 수도 있겠다. 사실 글을 쓰고 있는 내가 그렇다. 싫다! 그러나, 어쩌면 이러한 불편함이 오히려 결핍의 또 다른 모습, 즉 긍정적인 부분을 찾도록 만들었는지도 모르겠다. 누군가는 반발심에 이렇게 말할 수도 있겠다. '결핍에 좋은 면을 찾는다고? 미친 거 아니야? 가난이 무슨 장난이야? 물 한 방울의 자비도 허락되지 않는 지옥 같은 환경에서 최고급 미네랄 워터를 찾으라는 것과 뭐가 다르냐고! 그런 말 같지도 않은 소리는 개나 줘버려!' 그렇다! 말도 안 되는 소리로 들릴 수 있다. 이해한다. 그러나 당신이 인정하든 인정하지 않든, 믿든 믿지 않든, 받아들이든 그렇지 않든 상관없이 결핍에도 긍정적인 면은 분명히 존재한다. 세상에는 백 퍼센트 좋은 것도 백 퍼센트 나쁜 것도 없다. 모든 것에는 서로 대립되는 것들이 공존하고 있으며, 단지 우리가 어떤 면에 방점을 찍고 생각의 뿌리를 내리냐에 따라 각자의 인생이 달라질 뿐이다. 결핍의 긍정적인 얼굴을 찾아내는 것이야말로 앞으로 만들어 갈 우리의 풍요로운 새 인생 각본을 위해 꼭 필요한 작업이지 않겠나!

매슬로는 인간의 욕구를 체계적으로 잘 정리한 심리학자다. 그는 인간의 욕구를 결핍의 욕구와 성장의 욕구로 구분했다. 결핍은 말 그대로 결핍에서 벗어나기 위한 전략이고 성장 욕구는 충만함에서 나오는 성장전략이다. 결핍의 욕구든 성장의 욕구든 서로 다른 모습을 하고 있지만 결국 두 가지 모두 성장을 끌어내는 에너지가 된다. 뼛

속까지 시렸던 지독한 가난을 경험해 봤기에 어떻게든 부자가 되려고 한다. 이혼가정의 자녀로서 어려움을 겪어봤기에 행복한 가정을 만들려 애를 쓴다. 처참하게 무시를 당해봤기에 존경받는 위치에 서려고 한다. 평생 못 배운 것이 한이 되어 하얀 백발이 되어서도 배움의 과정을 지속한다. 오랜 세월 병들어 아픈 가족을 가져봤기에 의사의 꿈을 꾼다. 자신의 낮은 학력이 부끄러워 자식은 좋은 대학에 보내려 교육에 적극적인 투자를 한다. 이러한 것들이 모두 결핍에서 벗어나기 위한 전략이며 결핍의 욕구다. 우리는 직감적으로 알고 있다. 결핍보다 충만함에서 나오는 성장의 에너지가 조화롭고 우아하며 풍요롭다는 것을! 넘치는 사랑과 물질의 풍요로부터 만들어지는 에너지로 자신의 성장을 도모한다면 이보다 더 강력하고 아름다운 것이 어디에 있겠는가! 하지만 묻고 싶다. 인생이 늘 충만한가? 행복으로 가득한가? 삶이 항상 풍요로운가? 늘 우아하고 아름다운가? 당신은 과연 어떠한가? 이 세상에 결핍 없이 살아가는 사람이 있을까를 생각해 본다면 그 해답은 금방 찾을 수 있을 것이다. 그 크기와 깊이는 다르겠지만 누구나 결핍을 경험한 채 살아간다. 우리는 결핍에서 벗어나 더 나은 성장을 선택함으로써 그 크기에 비례하는 성장통과 마주하게 된다. 때론, 생각지도 못한 큰 통증에 좌절과 낙심을 하기도 한다. 성장을 결심한 사람에게 나타나는 자연스럽고 흔한 패턴이다. 그러니 겁내거나 도망치지 마라! 어차피 성장통이 없는 성장은 없다. 내가 성장하기를 선택했다면 성장통은 필연적으로 따라오는 것이고 그것을 의연하게 받아들일 마음의 준비를 하면 된다.

자, 그럼 부자로 성공한 사람들의 이야기를 해 보자. 혹시 자수성가한 백만장자 85%가 대학 학위가 없다는 것을 알고 있는가? 그 85% 안에는 우리가 너무 잘 아는 빌 게이츠도 있다. 통상적으로 자녀를 키우는 부모나 일반 사람들은 좋은 대학을 나오지 않으면 성공하기 어렵다고 말한다. 완전히 틀린 말은 아니다. 좋은 대학을 나오게 되면 그만큼 성공할 기회가 많아지는 것이 현실이니까. 갑자기 예전 학창 시절 담임선생님이 했던 말씀이 기억난다. 매일 친구들을 끌고 다니며 놀기에 바빴던 성적 하위권의 친구가 성인이 되어 그가 경영하는 기업에 늘 얌전히 공부만 하던 상위권의 친구를 연구원으로 채용해 일을 시킨다는 것이었다. 이 이야기에 다들 한바탕 웃고 말았다. 전혀 예상치 못한 전개였기 때문이다. 다양한 각도의 관점에서 서로 다른 의견과 생각들을 도출할 수 있는 소재로 의미심장한 이야기임에는 분명하다. 내가 어떤 각본을 쓰는가에 따라 천차만별 달라질 수 있는 것이 인생이다. 또 인생은 예측할 수 없는 다양한 변수들로 가득 채워져 있다. 그렇다는 것은 우리가 원하는 인생으로 만들 기회 또한 무한하게 펼쳐져 있다는 의미이기도 하다. 우리가 무슨 상상을 하고 어떠한 생각을 하느냐에 따라 인생의 방향은 달라진다. 지금 어떤 생각으로 가득 차 있는지가 중요한 이유다. 사람들은 흔히들 말한다. 돈이 행복을 가져다줄 순 없다고! 맞는 말이다. 결코 돈이 행복을 가져다주진 않는다. 나도 그렇게 생각하는 사람 중 하나이다.

'행복의 조건'을 주제로 75년간의 종단 연구를 했던 하버드대학의 연구결과에서도 확인되었듯 돈이 행복을 가져다주는 핵심 요소는 아니다. 그러나 돈의 부재가 고통을 동반한 다양한 불행을 끌고 온다는 것은 그 누구도 반박할 수 없을 것이다. 우리는 돈과 부에 관심을 가져야 한다. 좋아하며 친해져야 한다. 언제든 환영해야 한다. 그래야 돈도 우리를 좋아하고 친해지며 부와 경제적인 성공과 자유도 우리를 알아보고 기꺼이 따라올 것이기 때문이다. 하나님은 우리가 고통을 받으며 사는 것을 원치 않는다. 그에게서 뭔가 특별한 계획이나 뜻이 없는 한 하나님으로부터 허락된 많은 풍요를 우리는 누릴 자격이 충분하다. 경제적 결핍 즉, 가난은 결코 우리의 고유한 가치를 규정할 수 없다. 삶이 가난하다고 해서 우리의 가치가 똑같이 가난해지는 것이 아니다. 10평짜리 지하 단칸방에서 사는 사람의 가치가 10평짜리 지하 단칸방만 하지 않다는 뜻이다. 우리는 엄연히 비교할 수 없이 큰 존재이며 고유하고 특별한 가치를 지닌 대상이다. 이것은 진리이며 그 누구도 반박할 수 없다.

우리가 어릴 때 경험했던 가난은 부모가 인생 여정에서 만들어 낸 그들의 결과물일 뿐이다. 나와 당신의 것이 아니다. 우리는 우리의 인생을 살면서 우리만의 결과물을 만들어 낼 것이다. 그러니 부모가 가난했던 것을 자신이 가난했던 것으로 동일시하지 말자.

앞서 말한 것처럼, 우리에게 펼쳐지는 환경이나 상황, 경험에는 백 퍼센트 좋고 나쁜 것은 없다. 서로 다른 것들이 한 쌍으로 이루어져 있기 때문이다. 있음과 없음, 긍정과 부정, 선함과 악함, 사랑과 증오, 지켜짐과 버려짐, 연결됨과 끊어짐, 따뜻함과 차가움, 작용과 반작용, 남성성과 여성성, 음극과 양극 등이 그것이다. 그러니 우리는 우리를 힘들게 했던 결핍이 새로운 성장을 끌어 올 수 있다는 것을 기억해야 하며, 자신이 처한 결핍의 상황에서 긍정의 생각과 태도를 선택해야 할 것이다. 물론, 오랜 세월 마치 숨결처럼 익숙한 패턴에서 벗어나 새로운 패턴을 만든다는 게 말처럼 쉽진 않다. 당신만 그런 것이 아니다. 인간이라면 누구나 그렇다. 그래서 미루게 되고 도전 자체를 하지 않게 되고 어렵게 시도한다고 해도 실패를 경험하는 것이다. 뇌과학자의 말에 의하면, 우리의 뇌는 성공에 맞춰져 있지 않고 생존에 유리하도록 설계되어 있다고 한다. 그렇다는 말은 우리의 뇌가 생존반응을 하며 성공에 저항한다는 의미이기도 하다. 새로운 도전을 공격으로 받아들이고 위험하다고 느껴 얼어붙거나 도망치거나 공격하게 만드는 것이다. 그도 그럴 것이 성공은 위험을 감수해야 하고 불편한 일을 해야 하고 순리대로 살아온 삶을 역행해야 하는 지극히 정상적이지도 평균적이지도 않은 모험이기 때문이다. 이러한 뇌의 반응은 자연스러운 현상이며 건강하게 기능하고 있는 것이라

이해하면 된다. 그러니 포기하지 말고 될 때까지 하라. 하나의 새로운 패턴이 자리 잡기 위해서는 매일 빠지지 않고 행동했을 때 적어도 90일이라는 시간이 필요하다고 한다. 인생을 바꾸는데 이 정도의 노력은 해야 하지 않겠나! 당신의 꾸준함이 분명 당신의 인생을 바꿀 것이다. 성공의 열쇠는 이미 당신의 손안에 있다.

결핍은 대반전 드라마의 핵심 소재가 될 수 있다

가마솥이 지어내는 구수하고 따뜻한 밥 냄새가 코를 자극하는 아침이 되었다. 나는 후다닥 고양이 세수를 하고 젖은 피부를 따갑게 자극하는 추위가 싫어 도망치듯 방으로 들어와 버렸다. 잠시 후, 나는 옷을 갈아입고 마루로 나와 얼마 전 할머니께서 새로 사주신 보온 도시락을 챙겼다. 옆에는 지금까지 내가 가지고 다녔던 낡은 보온 도시락도 있었다. 아마도 그것은 동생의 것으로 싸놓은 듯했다. 나는 주섬주섬 내 것을 먼저 챙겨 밖으로 나갔다. 동생도 어느새 자기 것을 챙겨 뒤따라 나왔다. 우린 바쁜 걸음을 재촉했다. 초등학생 걸음으로 사십 분에서 한 시간 정도 걸리는 거리였기에 지각하지 않으려면 빨리 걸어야 했다. 내리막길을 걸어가는데 그 순간 뒤에 따라오던 동생이 버럭 화를 냈다.

"에이씨!! 나 이거 안 가져갈래!"

동생은 들고 있던 보온 도시락을 길바닥에 내동댕이쳤다. 돌발적인 동생의 행동에 내 가슴은 철렁 내려앉았다. 뒷일이야 어찌됐든 씩씩거리며 앞서가는 동생의 모습을 넋 놓고 바라보다 순간 정신이 든 나는 넘어져 있던 도시락을 후다닥 챙겼다. 흙이 묻어있던 부분을 손으로 툭툭 털며 앞으로 냉큼 달렸다. 잔뜩 화가 난 상태로 걸어가는 동생의 손을 잡고 보온 도시락 끈을 쥐여주었다. 동생은 몇 번이고 내 손을 밀쳐내며 거절했지만 나는 끈질기게 도시락 끈을 동생 손에 쥐여주며 말했다.

"가져가~빨리잇!!!"

계속 밀쳐내던 동생도 고집스럽게 도시락 끈을 손에 쥐여주는 언니를 더 이상 거절하지 않았다. 나와 동생은 더 빠른 걸음으로 뛰다시피 걷기 시작했다. 도중에 도시락 때문에 실랑이를 벌이며 지체했으니 당연했다. 우리는 한참을 아무 말 없이 바삐 걸었다. 그때였다. 동생이 짜증을 내기 시작했다. 잠시 걸음을 멈추는가 싶더니 아까 땅바닥에 던져지면서 풀려버린 잠금장치를 고쳐보려 낑낑대고 있었다. 하지만 야속하게도 잠그면 열리고 잠그면 또 열리고 청개구리처럼 말을 듣지 않는 도시락통 때문에 동생의 분노 게이지가 오르고 있었다. 결국 헐거워져서 계속 뚜껑이 열리는 고장 난 도시락통을 이제는 끝이라는 듯 길바닥에 힘껏 내동댕이쳤다.

"아이씨이~~!!!"

 동생은 붉으락푸르락 불같이 화를 내며 뒤도 돌아보지 않고 걸어가 버렸다. 나는 땅바닥에 내동댕이쳐진 도시락을 보고 그대로 얼음이 되어 버렸다. 생각도 멈추고 새소리가 들리던 주변 배경들도 함께 멈춰버렸다. 당황스럽고 난감했다. 낡은 도시락은 더 이상 버티지 못하고 쓸쓸하게 운명을 달리하고 말았다. 도시락 뚜껑과 몸뚱이가 분리된 틈새로 따뜻한 밥이 흩어져 나뒹굴었다. 순간 할머니께 죄송했다. 동시에 심통을 부리며 도시락을 버린 채 냉정하게 가 버린 동생이 미워졌다. 도시락을 챙겨서 학교에 가자니 지각할 것 같고 상태를 보니 내가 해결할 수 있는 수준이 아니었다. 화가 난 내 마음과 머릿속은 온통 뒤죽박죽이었다. 시간이 지나 초조해진 나는 결국 길바닥에 나뒹구는 도시락을 뒤로한 채 있는 힘껏 뛰기 시작했다. 더불어 죄책감도 동시에 따라왔다. 유난히도 길었던 수업이 끝나자마자 나는 잽싸게 도시락이 버려졌던 곳으로 달렸다. 얼마나 달렸는지 등에 무거운 가방이 느껴지지 않을 정도였다. 드디어 도착했다. "헉!!!" 없었다. 동생이 버리고 간 도시락이 없었다. 이게 어떻게 된 일인가 싶었다. 덜컥 겁이 났다. 누가 가져간 걸까? 아니면 누가 버린 걸까? 뭐지? 왜 없어진 거지? 분명히 여기 있었는데 너무 당황스러웠다. 나는 다시 그 주변을 넓게 뒤지기 시작했다. 없었다. 흔적도 없이 사라졌다. 쏟아졌던 밥과 반찬의 흔적조차도 없었다. 그냥 깨끗했다. 내 머릿속은 엉킨 실타래처럼 혼란스러웠다. '큰일 났다. 어떻게 하지? 할머니한테 어떻게 말을 하지? 하아~진짜 어떻게 하지? 도시락이 버려진 걸 아시면 할머니가 속상해하실 텐데 어쩌지?'

보온 도시락이 없어진 것도 당황스러운데 할머니께 있었던 일들을 어떻게 말해야 할지가 고민이었다. 도시락을 찾지 못하고 터덜터덜 향하는 내 마음은 천근만근이었다.

"할머니, 다녀왔습니다."

나는 힘없이 마당으로 들어섰고 내 시선은 자연스레 마루에 머물렀다. 그 순간 나는 소스라치게 놀랐다. 도대체 이게 웬일인가? 길바닥에 내동댕이쳐져 흙투성이가 됐던 보온 도시락이 깨끗하고 정갈한 자태로 마루에 떡하니 세워져 있는 것이 아닌가! 나는 후다닥 마루로 달려갔다.

"할머니~할머니! 이거 도시락 누가 가져왔어요?"

"이이~~아니~밑에 사는 지우가 길에서 주웠다고 가지고 왔던디?"

"어? 그래요?"

'그런데 어떻게 우리 것인 줄 알았지? 신기하네.'

새삼 그 아저씨가 고마워지는 순간이었다.

"……."

그런데 말이다. 할머니가 어떻게 된 일이냐며 묻지를 않으신다. 혹시나 하고 잔뜩 긴장한 나는 할머니 눈치를 살피느라 눈알만 바삐 굴리고 있는데 말이다. 다음날도 그다음 날도 그 다다음 날도 물어보지 않으셨다. 계속 마음이 쓰이긴 했지만 다른 한편으론 구구절절 설명하지 않아도 되니 오히려 편했다. 지금 생각해 보면 동생의 마음이 백번이고 이해가 간다. 시간으로 닳아빠진 물건을 물려받아야만 했던 억울한 동생, 덜그덕 거리는 신발 탓에 걸을 때마다 발끝이 앞으로 밀리는 불편함과 친해져야 했던 나. 가난은 그랬다. 허투루 돈을 쓸 수 없게 늘 아껴야 하는 상황을 만들어 주었다. 어떻게 하면 필요하고 좋은 물건을 효율적인 가격으로 살 수 있는지 끊임없이 궁리하는 습관을 몸에 박히도록 했다. 돈의 소중함을 아는 동시에 가난함이 주는 불편함과 서러움도 알게 했다. 그래서 가난의 고충을 감내하며 꿋꿋이 살아가는 사람들을 향한 내 시선은 특별하고 남다르다. 그렇다. 나는 내가 경험한 만큼 그들을 공감할 수 있게 되었다. 이것이 바로 가난이 나에게 준 성장점이다. 결핍은 절실함이라는 강력한 도구를 사용해 성장을 끌어온다. 생존전략이다. 찢어지게 가난했던 시절의 결핍을 넘어 억대 부자로 자수성가한 사람들, 나는 책을 통해 그들을 만났다. 세계 최대 부자들을 만나면서 성공의 법칙을 연구한 '성공의 법칙', '생각하라 그리고 부자가 되어라.'의 저자 나폴레온 힐, 나폴레온 힐의 제자이며 '위대한 발견'의 저자인 밥 프록터, '결단'의 저자 롭 무어, '백만장자 시크릿'의 저자 하브 에커, 스노우폭스의 대표이며 '돈의 속성' 저자인 김승호 회장, 소녀 공의 삶에서 연 매출 6,000억의 성장을 이룬 세계적 기업 켈리델리의 대표, '파리에서 도시락을 파는 여자', '웰씽킹'의 저자인 켈리 최 회장이다. 이들은 어려운 환경을 극복하고 엄청난 성공과 부를 이룬 사람들이다. 이들을 빛나는 성공으로 이끈 것은 바로 절실함을 품은 결핍이었다.

지금의 당신을 있게 만든 성장의 비밀은 무엇인가? 당신이 겪었던 결핍의 대반전 스토리는 무엇인가? 우리는 삶을 불편하게 하는 것을 넘어 고통스럽게 하는 현실을 인정하고 받아들이는 것부터 해야 한다. 자신의 현재 위치를 명확히 알아야 한다. 이것이 출발이다. 자신의 결핍을 원망하는 것에 아까운 세월을 흘려보내지 마라. 위축되어 아무것도 도전하지 못하는 안타까운 삶은 이제 살지 마라. 결핍에 대한 관점을 바꾸는 것은 긍정적인 미래를 위해 반드시 필요하다. 안타깝지만 순리대로 살라는 말은 우리에게 해당되지 않는다. 우리에게 순리는 무의식에 설계된 결핍의 삶을 그대로 반복 재생하며 살라는 의미가 될 테니까. 따라서 무의식에 깊이 박힌 결핍의 흔적들을 거스르는 역행의 삶을 살아야 한다. 여기서 우리의 뇌는 역행의 시도를 위험으로 감지하고 저항하며 치열하게 방해할 것이다. 쉽지는 않다. 그런 이유로 우리는 결핍의 삶에서 성공과 성장을 이루어낸 사람들의 이야기를 다양한 각도에서 면밀하게 들여다봐야 한다. 이젠 그들만의 이야기가 아닌 우리의 이야기로 새롭게 쓰기 시작하자! 우리 안에 있는 가능성과 간절함을 통해 결핍이 숨기고 있는 찬란한 보석을 어떡하든지 찾아내야 하지 않겠나! 망설이지 마라. 지금이다!

현실을 인정할 때 미래는 명확한 길을 찾아낸다

구수한 밥 익는 냄새가 아침의 차가운 공기를 따뜻하게 데우면서 나의 하루는 시작되었다. 평소 같았으면 후다닥 옷을 갈아입고 책가방과 도시락을 챙겨 학교로 벌써 출발했을 것이다. 그러나 그날 아침은 유독 이 모든 과정이 느린 화면처럼 무겁게 움직이고 있었다. 인사를 하고 집을 나서야 하는데 발이 떨어지지 않았다. 할머니의 눈치를 살피며 뭉그적대기 시작했다. 매번 반복되는 이런 상황들이 나는 미치도록 싫었다. 나는 어쩔 수 없이 지각을 모면하기 위해 입을 열었다.

"할머니……."

"이? 왜 그랴? 여태 학교는 안 가고 왜 그렇게 서 있댜?"

"아, 그게 할머니……. 저 학교에 돈 가져가야 하는데."

"이? 뭐? 돈 가져가야 혀? 학교에서 돈 가져오라대?"

"예, 선생님이 더 이상 밀리면 안 된다고."

학교에 돈을 가져가야 하는 일이 생기면 마음이 너무 불편했다. 정말 죽을 맛이었다. 할머니께 죄송한 마음은 두말할 필요도 없었다. 혼자 끙끙 앓다가 급해지면 말하곤 해서 본의 아니게 할머니를 난처하게 만들기도 했다.

"하이고, 어쩐다냐! 큰일 났네. 지금 가져가야지?"

"예."

"어쩐다! 큰일 났네."

"……."

"잠깐 기다려봐 이? 어디를 가야 있을라나."

학교 가방을 메고 우두커니 서 있던 나는 돈을 빌리러 급하게 밖으로 나가시는 할머니의 모습을 지켜봐야 했다. 정말 보고 싶지 않은 광경을 또 마주해야만 했다. 서글펐다. 할머니는 손녀의 어린 마음에 상처가 나지 않도록 어떻게든 지켜내야만 했다. 간절했다. 그렁그렁 내 마음에 눈물이 맺혔다. 세월이 희끗희끗 내려앉은 머리와 다급한 마음처럼 움직여주지 않는 몸으로 돈을 빌리러 다니던 할머니의 모습은 지금도 가슴속에 아리고 애잔한 그림으로 남아있다. 얼마나 지났을까, 기쁨을 한 아름 안고 오시는 할머니의 표정은 그야말로

천사였다. 할머니는 급한 마음에 손에 꼭 쥔 종이돈을 펴가며 걸어오셨다. 그리고는 바위처럼 우두커니 서 있었던 내 손에 돈을 쥐여주셨다.

"너는 돈 때문에 걱정하지 마러, 이? 내가 어뜨케 해서라도 해 줄 테니까는! 돈 걱정은 하지도 마러!"

"……"

"그려 얼른 가라! 학교 늦겄따!"

"할머니, 죄송해요."

"니가 뭘 죄송혀! 괜찮여! 학교에 낼 것은 내야지! 그러니까 혼자서 끙끙 앓지마러, 이?"

"예."

부모님의 이혼이라는 것이 때로는 가정의 경제가 반으로 나누어진다거나 무너짐을 의미하기도 한다. 학창 시절 나는 학교에 가져가야 하는 돈을 이웃에게 빌리던 할머니의 모습을 지켜봐야 했다. 그 모습을 마주해야 하는 현실에 나는 괴로워했고 할머니에 대한 고마운 마음과 죄책감을 동시에 느껴야 했다. 가난이라는 것에 화가 났고 무능력해 보이는 아빠가 싫었다. 내 의지와는 상관없이 가난이라는 불편한 상황에 자주 맞닥뜨려야 하는 것이 미치도록 싫었다. 그렇다고 학생이었던 내가 할 수 있는 일은 딱히 공부 말고는 없었다. 그나마 내가 할 수 있었던 일은 농사일을 돕고 소소한 일거리로 수익을 낼 수 있는 것을 찾는 게 전부였다. 사실 주어진 환경 자체가 우리를 불행하게 할 수는 없다. 다만 우리가 주어진 환경에 어떻게 반응하느냐에 따라 달라질 뿐이다. 그러나 나는 나를 둘러싼 가난에 부정적이었다. 나뿐만 아니라 내가 사랑하는 할머니를 가장 힘들게 했기 때문이다. 가난을 아무리 원망하고 부정해도 내가 처한 환경은 변하지 않았다. 내가 왜 이런 환경에 놓여야 하는지 용납할 수도 없었고 현실을 인정하고 싶지도 않았다. 인정해 버리는 순간 내가 더 가난해질 것 같았고 그 가난의 굴레에서 벗어나지 못할 것 같았기 때문이다. 가난이 나를 제일 힘들게 했던 것은 바로 죄책감이었다. 할머니를 동네 이웃들에게 돈을 빌리러 다니게 했다는 그 죄책감! 그것이 나는 가장 마음이 아팠고 힘들었다. 동네에서는 그래도 존경받는 큰 어른임에도 불구하고 어쩌면 남들에게는 작은 푼돈이었을 그만한 돈이 없어 이곳저곳에 아쉬운 소리를 하며 빌려야 했던 그 상황을 내가 만들었다는 생각에서였다. 글을 쓰고 있는 지금도 그 장면이 떠올라 울컥거린다. 이 글을 읽고 있는 당신은 어떤 어린 시절을 보냈는지 모르겠다. 나의 어린 시절은 이러했다. 할머니가 돈을 빌리러 가시던 날 학생인 내가 당장 경제적으로 해결할 수 있는 부분이 없다는 것을 알아차렸다. 아무리 부정하려 해도 나는 그저 가난한 집안의 딸이고 손녀였다. 그것이 현실이었다. 나는 내 가난한 현실을 받아들이기로 했다. 지금 생각해보면 그냥 자포자기였던 것 같기도 하다.

그런데 그 순간 당장 내가 무엇을 할 수 있을지가 선명해지기 시작했다. 내가 처한 상황을 명확히 인지했을 때 문제는 해결의 열쇠를 던져 주었다. 그것은 행동으로 연결되었고 현실적으로 돈이 되는 일을 찾아 줬다. 학교에 가기 전 이른 아침 이슬을 머금은 산과 밭, 풀숲에 떨어진 상수리들을 주워 모으기도 하고 주말에는 친구들과 논을 돌아다니면서 우렁이를 잡기도 했다. 처음인 탓에 많이 서툴렀던 나는 친구들보다 많이 잡진 못했지만, 돈을 벌 수 있다는 생각에 거머리가 다리에 붙어 피를 빨고 있는 것도 모를 정도로 의지를 불태우기도 했다. 서투른 내가 안쓰러웠는지 아니면 나를 돕고 싶었는지 집으로 돌아갈 시간이 되면 약속이나 한 듯 서로 잡은 양을 비교해 많이 잡은 친구가 자기 것을 나에게 나눠주곤 했다. 내 옆에는 항상 자신의 노력이 들어간 결과물을 아낌없이 나눠줄 줄 아는 마음 따뜻하고 고마운 친구들이 있었다. 밭농사를 돕기도 하고 필요하다면 논 일도 도왔다. 시골에서 태어나고 자란 친구들에게는 부모님을 도와 돈이 되는 일을 하는 것이 그리 특별한 일은 아니었던 것 같다. 덕분에 생활력과 자립심도 강한 친구들이었다. 나는 거기에 비하면 아무리 의지를 불태우고 열심을 낸다고 해도 명함조차 내밀 수 없는 수준이었다. 지금의 내가 있을 수 있었던 것도 나의 어린 시절 나를 좋아해 주고 아껴주던 친구들이 곁에 있어서였다. 정말 다행한 일이고 감사한 일이 아닐 수 없다. 가난은 나를 불편하게 했고 수치와 죄책감이 들도록 만들었다. 그런데 말이다. 사실 잘 생각해보면 가난은 내가 만든 것이 아니었다. 내 것이 아니었다. 내가 만든 내 인생의 결과물이 아니었다. 그러니 내가 책임질 일도 아니었다. 온전히 부모의 몫이었고 어른들의 몫이었다. 내 선에서 해결할 수 있는 문제도 아니었고 내가 새롭게 만들 수 있는 영역도 아니었다. 그러니 수치심이나 죄책감에 힘들어하지 않아도 될 일이었다. 재미있는 것은 그리도 달갑지 않았던 가난이 나를 괜찮은 사람으로 만들어 가고 있었다는 점이다. 경제적으로 어려운 사람들의 삶의 무게를 이해하고 공감할 줄 아는 사람으로 만들어 갔다. 허세 따위 관심 없는 검소한 사람으로 만들어 갔으며 길가에 쪼그리고 앉아 농사지은 채소를 파는 할머니를 지나치지 않는 사람으로 만들어 갔다. 파지를 주워 생계를 유지하는 할머니에게 따뜻한 커피를 건네거나 리어카를 밀어주는 사람으로 만들어 갔다. 구걸하는 사람을 그냥 지나치지 않는 사람으로, 불량한 친구들의 빵셔틀에 돈이 없어 쩔쩔매는 학생에게 "사장님~학생물건 제가 계산할게요! 괜찮아요. 그런데 학생도 먹어야지! 이건 학생 것이니까 학생만 먹어요!"라며 기분 좋게 간식을 사주는 어른으로 만들어 갔다. 결과적으로 가난은 나에게 절대적으로 나쁜 것만 준 것은 아니었다. 그것은 나를 웬만한 고통 정도는 의연하고 참을성 있게 대처하는 사람으로도 성장시켰다. 이것이 가난에 대해 우리가 낙심하거나 원망하며 좌절하지 않아도 되는 이유이다. 얼마든지 다른 시각을 통해 가난의 긍정적인 부분을 의식적으로 선택할 수 있기 때문이다. 내가 처한 상황이나 문제점을 인정하고 정확히 인식했을 때 현재 어떤 태도를 지녀야 하는지, 또 어떤 행동을 취해야 하는지에 대한 해결책이 명확하게 드러난다. 이 책을 읽고 있는 당신이 혹시 나와 같은 상황에 놓여있는 학생이라면 내 말을 깊이 생각해보았으면 좋겠다. 지금의 가난은 당신의 것이 아니다. 그러니 당신의 것으로 받아들이지 마라. 현재 당신이 처해 있는 환경은 당신의 부모가 만든 결과물이다. 결국 당신 눈앞의 가난은 부모의 것이었다. 우린 부모와 달리 가난으로부터 경제적 자유를 누린 세상의 많은 부자의 성공비법을 공부해야 한다. 그 과정을 벤치마킹해 완전히 자신의 것으로 만들어야 한다. 그렇게 된다면 우리는 각자 원하는 만큼의 경제적 자유를 누리게 될 것이다. 풍요로워지는 것에는 반드시 법칙이 있다고 세계 부자들은 말한다. 부자가 되는 법칙을 좀 더 일찍 알았더라면 얼마나 좋았을까 하는 아쉬움이 뼈저리게 밀려오는 요즘이다. 경제적으로 풍요롭고 자유로워지는 방법을 학교에서는 가르쳐 주지 않는다. 그렇다고 내 주변의 어른들도 가르쳐 준 적이 없다. 이제서야 나는 그 법칙을 공부하는 중이다. 어린 시절 무의식에 새겨진 '가난한 나'라는 부정적인 프레임에서 조금씩 빠져나오는 중이다. 바라건대 당신은 나보다 더 빨리 깨달았으면 좋겠다. 세상의 부자들을 직접 만나 그들의 이야기를 듣든지 그들의 녹화된 강의영상이나 자기계발 프로그램을 통해 몸으로 직접 체험하든지 이것이 현실적으로 어렵거나 불가능하다면 그들의 성공법칙과 비결이 담긴 책을 통해 벤치마킹하라. 내가 책을 통해 그들을 만났듯이 세계 최고의 부자인 그들도 책을 통해 이미 성공한 최고의 부자들을 만났다. 책 읽기는 성공한 그들이 공통으로 가진 핵심요인이었다. 그들은 끊임없이 책을 읽었고 그 안에서 부를 형성하는 법칙을 깨닫고 실행에 옮겼다. 한 권의 책을 100번 이상 읽든지 관련된 책 100권을 읽든지 어떤 방법으로든 가난이라는 결핍에서 부와 성공을 이룬 사람들의 마인드를 완전히 우리의 것으로 만들어야 한다. 그리고 SNS, 유튜브, 인스타그램, 페이스북, 블로그, 홈페이지 등을 찾아서 그들과 연결하라. 그리고 배우라.

2년 전 나는 '파리에서 도시락을 파는 여자'와 '웰씽킹'의 저자인 켈리 최 회장을 알게 되면서 그녀가 가지고 있는 부에 대한 마인드와 성공비결을 공부하는 중이다. 시골의 가난한 가정에서 태어난 그녀는 어려운 형편에 중학교를 겨우 졸업하고 공장에서 일하며 야간고등학교를 다녔다. 이후 부에 대한 꿈과 함께 유학을 하며 사업도 하게 된다. 사업으로 인해 10억이라는 큰 빚을 지면서 최악의 상황까지 갔었지만, 다시 일어서면서 연 매출 6,000억이라는 거대한 부를 이룬다. 그녀는 1,000여 명의 크게 성공한 부자들을 연구했고 그들의 습관과 생각을 체득했다. 그 덕분에 유럽 12개국 1,200개 매장과

연 매출 6,000억 원이라는 고속 성장을 이룬 세계적 기업인 켈리 델리 Kelly Deli를 일궈낸다. 실로 드라마틱하다. 부의 풍요를 이룬 많은 사람 중 내가 유독 그녀에게 관심을 갖게 된 이유는 칼 같은 결단력과 호랑이 같은 실행력이었다. 이것이야말로 그녀의 핵심 능력이며 강점이었다. 게다가 자기 성장비결을 아낌없이 많은 사람에게 공유하고 있다. 또, 굳이 자신의 바쁜 시간을 쪼개가며 애쓰지 않아도 되는 여러 활동과 기부를 꾸준히 하는 헌신적인 모습도 진심 감동으로 다가왔다. 단순히 돈만 많다고 부자는 아닐 것이다. 세상의 다양한 영역에서 선한 영향력을 끼치며 경제적으로 어려운 사람들이 부에서 진정한 자유를 얻을 수 있도록 헌신하는 부자가 진짜 부자가 아니겠는가! 그래서 나는 그녀가 좋다. 그녀의 진심이 느껴져서 좋다. 부디 개인적으로 그녀를 직접 만나는 날이 오기를 기대해 본다. 당신도 롤모델을 선택해 그들이 가진 마인드와 실행력까지 당신의 세계로, 당신의 것으로 끌어당기길 바란다. 당신의 현재를 인정하고 처해 있는 상황과 문제를 명확히 할 때 당신의 미래가 그것을 해결할 방법을 알려줄 것이다. 이제 당신은 결단하고 실행하면 된다. 당신이 지금껏 원망했던 가난이라는 결핍은 오히려 당신을 꽤 괜찮은 어른으로 성장하도록 도울 것이다. 그런 당신이 이 세상에 선한 영향력을 끼치는 큰 부자가 되길 바란다. 물론 나도 마찬가지다. 그렇게 될 것이다. 우리가 지금 결단하고 선포한 그대로 말이다.

수치심은 마음을 알아줄 때 사라졌다

"이거 오늘 헌금해라~이?"

일요일 아침이었다. 나는 교회에 가기 위해 아침밥을 먹고 밖으로 나왔다. 할머니는 내 손에 10원짜리 동전 두 개를 꼭 쥐여 주셨다. 예배 때 헌금할 내 몫의 예물이었다. 나는 잃어버리지 않기 위해 바지 주머니에 쑥 집어넣었다. 할머니는 일찍부터 교회에 갈 준비를 모두 마치고 일주일 내내 밥을 할 때마다 조금씩 떼어서 따로 모아두었던 쌀을 챙기셨다. 아마도 그것은 일용할 양식의 축복을 매일 누릴 수 있도록 하신 하나님께 감사하는 의미였으리라. 나는 여느 때처럼 동생들과 함께 주일학교예배에 늦지 않도록 서둘렀다. 일주일에 한 번

교회로 향하는 내 발걸음은 설레고 즐거웠다. 교회로 가는 길에 펼쳐지는 아름다운 자연풍경은 감성이 풍부한 나에게 청량하고 푸르른 행복감과 상상의 나래를 펼칠 수 있는 종합선물세트였기 때문이다. 꼬불꼬불 작은 길을 지나 큰길로 들어서면 앞에서 불어오는 시원한 바람으로 가슴을 한가득 채웠다. 맑은 물이 흐르는 다리도 건넜다. 사계절 길가의 이름 모를 들꽃과 손 인사도 하고 다리 밑 송사리 떼 가족에게 안부도 전했다. 그날도 나는 다리 위에 쪼그리고 앉아 상상의 보따리를 풀었다 묶었다 하고 있었다.

"으악! 늦었다!"

나는 눈썹이 휘날리게 뛰었다. 겨우 교회에 도착했고 이미 찬송 소리는 예배당 안을 가득 채우고 있었다. 헌금 시간이 다가왔다. 나는 할머니가 손에 꼭 쥐여주셨던 10원짜리 동전 두 개를 바지 주머니에서 꺼냈고 언제나처럼 헌금통이 내 앞으로 오기를 기다리며 준비하고 있었다. 옆에 앉은 나의 단짝 친구가 먼저 헌금을 냈다. 그 친구는 50원짜리를 냈다. 또 다른 옆에 친구는 100원짜리를 냈다. 순간 나는 손에 쥐고 있던 10원짜리 동전 두 개가 창피해졌다. 아니 10원짜리 동전을 쥐고 있는 내 손이 부끄러워졌다. 갑자기 몸이 후끈거리면서 얼굴까지 화끈거렸다. 드디어 헌금 바구니가 내 앞으로 전달되었다. 나는 최대한 10원짜리 동전이 보이지 않도록 손등을 위로 향하게 모양새를 바꾸어 동전이 손바닥 한가운데로 오도록 했다. 창피한 내 마음이 들키지 않기 위함이었다. 10원짜리 동전에 묻어있던 가난함을 숨기기 위함이었다. 행여 옆에 친구가 보면 어떡하나 재빠르게 헌금통에 쑥 집어넣었다. 예배를 마친 후 집으로 돌아오는 길, 괜히 울컥거리고 무거운 마음이 내 발걸음을 더디게 만들었다. 주변의 풍경도 소리도 냄새도 내 섬세한 감각들을 깨우진 못했다. 세상이 느껴지지 않았다. 상처받은 내 마음이 모든 감각의 문을 닫아버렸다. 금방이라도 눈물을 쏟을 것 같이 눈에는 그렁그렁 눈물이 맺혀있었다. 나는 눈물이 흐르지 않게 목까지 차오르는 슬픔을 삼키며 애써 괜찮은 척했다. 집에 도착했다. 어떻게 왔는지 기억이 나지 않았다. 시무룩해진 얼굴로 집에 들어서는데 교회버스를 타고 먼저 도착하신 할머니가 말을 건넸다.

"영순이냐?"

"……."

"영순이, 왔냐?"

"예……."

"이? 왜 그러케 대답이 시원찮탸. 뭔 일이 있었다니?"

"……."

나는 할머니의 물음에 대답도 하지 않고 그냥 방으로 쑥 들어가 버렸다. 문도 세게 닫아버렸다. 아무도 날 건드리지 말라는 신호였다. 그냥 혼자 있고 싶었고 누구를 상대할 에너지도 없었다. 좋지 않은 내 마음 상태를 기가 막히게 알아챈 할머니는 더 이상 묻지 않으셨다. 조금 시간이 지났을까? 할머니가 방으로 들어오셨다.

"영순아, 고구마 먹어라! 아주 맛있게 쪄졌네. 언능 일어나서 먹어봐. 이?"

"……."

나는 한쪽 벽을 보고 누워서 꼼짝도 안 하고 있었다. 할머니는 나를 달래다가 밖으로 나가셨다. 얼마나 지났을까? 살짝 뜯겨있던 벽지 사이에서 스멀스멀 기어 나오는 몇십 년 묵은 흙냄새와 고구마의 달콤한 냄새가 사정없이 코를 헤집고 들어왔다. 어느새 내 손은 고구마의 뜨끈하고 얇은 껍질을 벗기고 있었다. 한입 두입 먹고 있으려니 할머니가 다시 방으로 들어오셨다. 할머니의 손에는 내가 제일 좋아하는 새콤한 물김치가 들려있었다.

"일어났냐. 영순이?"

"예"

뚱하게 대답하는 내 앞에 할머니가 앉으셨다.

"뭔 일이 있었다냐?"

"할머니……. 나도 헌금 많이 하면 안 돼요? 다른 친구들은 50원도 하고 100원도 하는데 나는 왜 항상 20원만 해요?"

"이? 하이고~그랬구먼! 시상이나 교회 헌금이 적어가지고서는 혼자 그렇게 속상혀 있었구만?"

"할머니……, 나도 헌금 많이 하고 싶어요."

"그러라! 뭐 까짓것 내가 우리 손녀 헌금 하나 많이 못 주겠냐? 오냐, 알았다! 다음에 교회 갈 때 더 줄 테니까는 속 끓이지 마러! 이? 뭐 그런 것 가지고 속상해하고 그런다니! 속상해하지도 마러라! 그런 거는 아무것도 아녀! 헌금 조금 더 주는 게 뭐 그렇게 어렵겄냐! 그런 거 가지고 괜히 속 썩지마러. 이?"

물김치처럼 시원시원한 할머니의 대답에 혼자 속앓이하던 상처 난 어린 내 마음은 고구마처럼 따끈해졌다.

일요일이 다시 돌아왔다. 할머니는 변함없이 헌금하라며 동전을 손에 꼭 쥐여주셨다. 50원짜리 동전이었다. 할머니는 기억하고 약속을 지켜주셨다. 신이 난 나는 뛸 듯이 기분이 좋았다. 야호! 소리를 치며 기쁨의 세레모니를 한바탕 한 뒤 신나게 교회로 향했다. 그 뒤로도 쭉 헌금이 50원이었냐고? 아니, 그렇지 않았다. 헌금의 액수는 다시 10원짜리 동전으로 돌아왔다. 그러나 나는 더 이상 동전 10원짜리 헌금이 부끄럽지 않았다. 괜찮았다. 그리고 나는 이미 알고 있었다. 매주 50원을 헌금하기엔 할머니의 주머니 사정이 넉넉하지 않다는 것을 말이다. 혼자만 50원을 받는 것도 동생들에게 미안했다. 나에겐 할머니가 내 마음을 읽어주셨다는 것이 중요했다. 가난으로 상처 난 내 어린 마음은 따스한 할머니 표 마음 읽어주기 밴드를 발라 준 것으로 충분히 이해받았다고 느꼈다.

어린 내가 경험했던 가난에는 불편함도 있었지만 수치스러움이 더 많았던 것 같다. 그래서 자존심도 상했고 화도 났다. 감추고 싶었고 아무에게도 들키고 싶지 않았다. 아무렇지 않은 척, 괜찮은 척하기도 했다. 낡고 닳아빠진 운동화에 메이커도 없는 시장의 옷가지들과 소박하기 그지없는 도시락 반찬에 세련되지 않았던 학용품 그리고 유행에 한참 뒤떨어지는 아이템들, 먹고 싶어도 그저 멀찌감치 바라만 봐야 했던 비싸고 화려한 먹거리들. 굳이 비교하지 않으려 해도 상대적으로 확연하게 드러나는 가난함이었다. 어쩌면 내가 가난하든 말든 친구들은 전혀 개의치 않았을 수도 있다. 나를 가난하다는 이유로 싫어하거나 피했던 친구는 없었으니까. 생각해 보면 친구 관계에 있어 가난은 그리 큰 문제가 되지 않았다. 단지 나의 열등감만 있었을 뿐. 내가 경험한 수치심이라는 여린 감정은 얼마든지 당신에게도 찾아올 수 있다. 그것이 어린시절 양육과정이나 경제적 어려움에서 찾아온 것인지 사회적인 환경으로부터 생긴 것인지 문화적 배경이나 트라우마로 인한 것인지 정확히는 알 수 없겠지만 다양한 통로로 찾아오는 그 수치심의 원인을 집요하게 탐색하기에 앞서 알아차리는 것이 필요할 뿐이다. 분노나 화의 감정을 촉발하는 저변에 깔린 핵심 감정을 그대로 인정하고 공감하고 수용하는 것만으로도 문제가 의외로 쉽게 해결되는 것을 볼 수 있으니 말이다.

언젠가 SNS를 통해 화제가 되었던 감동적인 영상들이 떠오른다.

술에 취한 한 남성이 지하철역에서 큰소리를 내며 옆 사람과 실랑이를 벌이고 있었다. 이를 지켜보던 승객 한 사람이 술에 취해 난동을 부리는 그를 말리려는 듯 어깨를 끌어안았다. 잔뜩 화가 난 그는 말리려는 승객의 팔을 뿌리쳤고 승객은 그를 더 끌어안았다. 잠시 후 고함을 지르며 난폭하게 행동했던 사람은 어느덧 순한 양이 되어 말리던 승객의 품에서 자신의 감정을 추스르고 있었다. 승객은 마치 '이러는 당신 마음 내가 이해한다.'라는 듯이 등을 계속 토닥거렸다. 나는 그 모습이 따뜻하고 특별한 감동으로 다가왔다. 또 다른 영상 하나는 남편이 없는 사이 갑자기 위급해진 아기를 차에 태우고 운전하다 앞차와 사고를 낸 젊은 아기 엄마의 이야기다. 아기를 키워 본 엄마라면 대부분 공감하겠지만 자녀가 위급한 상황일 때 침착하게 대응하기란 무척 어려운 일이다. 아기엄마는 사고를 당한 앞차 주인에게 울면서 사과했고 위급한 상황임을 눈치를 챈 앞차 아주머니는 겁에 질려 온몸을 떨고 있는 아기엄마를 진정시키려 따뜻하게 안아주는 모습이었다. 그 모습에 감동한 아기엄마의 남편이 공개한 영상 속 아주머니는 인터뷰에서 그 당시 아기 엄마가 마치 딸 같았고 그 상황에서 얼마나 겁이 났을까 충분히 공감되어 안아주었다는 이야기를 했다. 두 사례 모두 타인이 처한 상황과 감정을 알아차리고 공감해주었다는 공통점이 있다. 누군가 내 마음을 알아주고 공감해준다는 것은 앞서 말했듯이 문제해결을 의미하기도 한다. 지금 당신은 어떠한가? 어린시절 혹시라도 가졌을 가난으로 인한 수치심이 지금까지 남아있다면 이젠 떠나보내기로 하자. 내가 내 감정을 인정하고 수용해 주기로 하자. 가난은 부끄러운 것이 아니라 단지 불편한 것이었음을 깨닫게 된 이상 말이다.

비를 피하지 마라
그 속에서 당신만의 춤을 추어라!

"후두둑~후두둑~쏴아아~아~!!!"

아침에는 멀쩡했던 하늘이 수업을 마치고 집으로 돌아가는 길에 느닷없이 굵은 빗방울을 떨어뜨리기 시작했다. 빗방울은 이내 큰 소나기로 모습을 바꾸었고 흙바닥을 강하게 때려 뿌연 흙먼지들을 일으켰다. 나와 친구는 우산이 없었다. 대신 책가방을 머리 위에 쓰고 큰 나무가 있는 곳을 향해 힘껏 달렸다. 최대한 비를 맞지 않으려 안간힘을 썼다. 그러나 신발은 말할 것도 없고 옷이 전부 젖어버려 축축해졌다. 비를 잔뜩 먹은 가방은 또 어찌나 무거운지 두 팔이 후들거렸다. 겨우 큰 나무 밑으로 피한 우리는 나무 기둥에 최대한 몸을 바짝 붙이고 팔이 떨어질 만큼 무거웠던 가방을 젖은 신발 위에 올려놓았다. 가방이 흙탕물에 젖지 않도록 하기 위한 꼼수였다.

"으아~ 비가 너무 많이 오는데? 아~ 다 젖었어. 어떡해!"

"그러게, 일단 좀 기다려보자. 비가 약해지면 그때 가야겠어."

"그래, 좀 쉬었다 가자."

우리는 비가 빨리 그치기를 간절히 바라며 장대비를 피하고 있었다. 그러나 비는 바로 그칠 기세가 아니었다. 설상가상으로 우리가 피해 있던 나무도 이젠 거센 빗줄기를 막아주지 못했다. 게다가 저녁이 다가와 주변도 어두워지기 시작했다.

"어떡하지? 비가 그칠 것 같지 않아!"

"음……. 우리 그냥 갈까?"

"진짜? 아무래도 더 어두워지기 전에 가려면 그래야 할 것 같긴 해." 비가 빨리 그치거나 약해지면 좋으련만, 하늘은 어차피 준비한 양의 비를 다 쏟아낼 때까지 멈추지 않을 것이란 걸 우린 직감했다. 이젠 비를 피할 수도 그렇다고 더 이상 지체할 수도 없었다. 어둠이 함께 몰려왔기 때문이다. 이미 우리에겐 선택권이 없었다. 나와 친구는 눈으로 사인을 보냈다. 가방을 둘러맸다. 그리고! 뛰었다!!!

"꺄~악~~~!!!"

나와 친구는 동시에 소리를 질렀다. 머리를 따라 얼굴로 흘러내리는 차갑고 굵은 빗줄기는 어느새 목덜미를 타고 몸속 구석구석을 비집고 들어왔다. 우리는 소나기 속으로 풍덩 빠져 버렸다. 젖은 미역을 얼굴에 뒤집어쓴 것처럼 찰싹 붙어버린 서로의 머리카락을 보며 까르륵 웃어댔다. 더 거세진 빗줄기로 눈은 제대로 뜰 수가 없었고 하늘을 흔드는 천둥소리에 심장이 멎을 것처럼 놀라 '꽥!' 소리를 지르기도 했다. 우린 더 이상 비에 젖지 않았다. 비를 피하려 애쓸 필요도 없었다. 비를 온몸으로 받아들이는 순간 신기하게도 비로부터 자유로워졌다. 비를 피하는 것에만 집중되었던 모든 감각의 예민함이 멈추는 순간 집으로 가는 길이 더 선명하게 보였다. 마음에 여유가 생기자 진흙으로 범벅이 되어 무거워진 운동화가 눈에 들어왔다. 도로포장이 되어있지 않았던 시골의 흙길은 비가 오는 날이면 온 천지가 진흙탕 파티였다.

"우리 신발 벗고 갈까?"

"진짜? 헤헷~ 좋아!"

우리는 키득거리며 진흙탕에 만신창이가 된 운동화와 누런 양말을 벗어버렸다. 그리고는 빗물로 잔뜩 불어나 세차게 흘러가는 작은 개울물에 흙덩이를 씻어냈다. 등에는 빗물을 잔뜩 머금어 무거워진 가방과 씻어서 나름 깨끗해진 운동화 한 짝씩을 양손에 들고 걷기 시작했다.

"꺅!!! 간지러워!"

"으악!!! 내 발꼬락!!!"

걸을 때마다 발가락 사이로 쭉쭉 밀고 올라오는 부드러운 진흙의 느낌은 온몸을 간질거리게 했다. 비 따윈 아무런 문제가 되지 않았다. 우린 세포의 모든 감각을 열고 비의 엄청난 매력을 만끽하고 있었다. 깡충깡충 뛰기도 하고 빙글빙글 돌기도 했다. 몸에 내리는 비를 직면하고 있었다. 그랬다. 나는 빗속에서 내 장단에 춤을 추고 있었다.

"야아아~우리 정말 미쳤나 봐! 미쳤어! 빗속에서 춤추는 사람은 우리밖에 없을 거라구! 우하하하하."

만약 누군가가 우리의 모습을 봤다면 이건 영락없이 정신 나간 애들이라고 생각했을 것이다. 초등학교 고학년 정도 되는 여학생 두 명이 빗속에서 기괴한 막춤을 추며 깔깔거리는 모습이라니 누가 감히 상상이라도 했겠는가! 남의 시선이야 어찌 됐든 무슨 상관인가! 빗속에서도 저렇게 즐거울 수 있다고 온몸으로 표현하는데 누가 말리겠는가 말이다! 나와 친구는 더 어두워지기 전에 무사히 집에 도착할 수 있었다. 빗속에 온몸을 던져 느꼈던 그때의 자유로움과 희열은 지금도 잊을 수가 없다. 이렇게 좋은 것은 꼭 경험해야 한다며 비 오는 날 무턱대고 빗속으로 뛰어들라고는 하지 않겠다. 대머리가 될 수도 있으니 말이다. 아하하하. 잠시 빗속에서 자유를 만끽하며 춤추는 당신의 모습을 상상해 본다. 나쁘진 않다. 그러나 혹시 모르니 부디 아무도 없는 곳에서 즐기길 바란다. 나는 비가 내리면 가끔 아이들에게 우비를 입히고 장화를 신겨 밖으로 나가 비를 맞는다. 그리고는 비에 젖어가면서도 까르륵대며 웃고 즐기는 아이들의 모습을 본다. 우비를 입었다고 해서 장화를 신었다고 해서 또 우산을 들었다고 해서 내리는 비를 완벽하게 피할 수도, 완전히 젖지 않을 수도 없다. 내리는 빗속에 있는 한 말이다. 고난과 역경은 마치 소나기처럼 우리에게 내린다. 깜짝 놀라게도 하고 기세등등 강한 바람과 큰 천둥소리로 두려움을 주기도 한다. 그치기를 간절히 원하지만 마치 그런 모습을 비웃기라도 하듯 준비된 양을 다 쏟아부을 때까지 휘몰아쳐 처참한 몰골로 만들기도 한다. 그러나 끝날 것 같지 않던 고난과 역경도 언제 그랬냐는 듯이 멈추게 되는 때는 반드시 온다. 영원한 순간이란 없다. 우리에게 이미 찾아온 고난과 역경을 피하려 애쓰지 말자. 피한다고 해서 피해지지 않는다. 피할 수도 없다. 이미 준비된 고난과 역경의 양이 다 할 때까지 계속 머물러 있을 것이기 때문이다. 우리가 통제할 수 있는 영역이 아니다. 마치 하늘에서 내리는 소나기처럼 그렇다. 우린 정면으로 마주해야 한다. 죽을 것처럼 힘들어도 인정하고 받아들여야 한다. 그러다 보면 처음에 맞닥뜨렸던 고난과 고통의 크기가 더 작아지고 덜해졌다는 것을 느끼는 순간이 온다. 한번 젖게 되면 더 이상 젖지 않게 되는 소나기처럼 어느 순간 우리를 한없이 위축시켰던 그 두려움의 대상이 아니라는 것을 깨닫게 된다. 그것은 고난과 역경의 크기가 작아진 것이 아니라 우리가 커지고 강해졌기 때문이다. 오히려 고통과 역경을 마주했을 때 경험할 수 있는 새로운 세계와 또 다른 기회를 만나게 된다. 그것도 우리가 가지고 있는 모든 세포의 감각들을 전부 깨워서 말이다. 세상을 물바다로 만들 것처럼 강력한 기세로 쏟아내던 소나기도 결국 자연의 섭리로 힘을 잃고 지나간다. 제멋대로 비를 몰고 왔던 기분 나쁜 먹구름도 언젠간 사라진다. 이것이 위대한 자연의 법칙이다. 우리가 겪는 고통도 고난도 역경도 모두 그렇다. 그러니 겁먹지 마라! 소나기 속에서 우산을 펴지 마라. 내 몸 하나 간신히 피하려고 한다 해서 내리는 소나기를 완전히 피할 수는 없다. 젖지 않으려 안간힘을 써 보지만 결국 우산을 뚫을 기세로 휘몰아치는 빗줄기는 바람을 타고 사방에서 당신을 공격할 것이 뻔하다. 우산을 던져버리듯 고통에 직면하는 순간 알게 된다. 소나기의 소리와 느낌 그리고 냄새를! 이것은 잠자고 있던 당신의 모든 세포의 감각들을 깨워 예리하고 강력한 에너지로 만들 것이며 고난과 역경을 견디고도 충분히 이겨낼 수 있는 존재로 당신을 재탄생시킬 것이다. 아이러니하게도 당신은 고통에서 자유로움을 찾게 될 것이며 어느덧 즐기게 될 것이다. 고통으로 쓰러져 지금 당장 일어날 수 없다면 기어서라도 가라! 아니면 굴러서라도 가라! 꿋꿋하게 당신이 만들고 싶은 인생의 목적지를 향해 그냥 가라! 어떻게든 가라! 고통보다 더 높은 가치를 향해 가라! 고통은 사라지지만 결과는 남는다. 그러니 이왕 빗속에서 당신만의 춤을 추며 미친 듯이 직면하고 미친 듯이 느끼고 미친 듯이 즐겨라! 미쳐봐야 진짜 내 인생이 된다!

기억하라! 결국 성공할 당신에겐 지금의 당신이 꼭 필요하다!

가난하다고 해서
우리가 받은 사랑까지 가난한 건 아니다

"싹둑~싹둑~~싹둑~~~싹둑."

할머니는 닳고 낡아버린 손녀들의 양말을 여기저기 꼼꼼히 만지고 계셨다. 침침한 눈으로 구석구석 바람이 들락거릴만한 구멍들을 찾고 계셨다. 뒤꿈치에 구멍 난 것, 엄지발가락에 구멍 난 것, 작은 구멍, 큰 구멍을 오랜 내공의 야무지고 능숙한 바느질 솜씨로 기가 막히게 잘 기워내셨다. 바느질이 한창이던 그때 할머니는 갑자기 멀쩡한 당신의 양말을 가위로 자르기 시작하셨다.

"어!! 할머니~~? 할머니 양말을 왜 잘라요?"

"이이! 이 짝은 꿰매기가 여엉~시원찮네~이거 짤라가지고 니꺼랑 애들 양말이랑 기워야 겄다. 에휴~~양말도 사야 허는디……, 그

때까지만 신어, 이?"

　할머니는 자신의 멀쩡한 양말에 거침없는 가위질을 하셨다. 해진 손녀의 양말을 기워내기 위해 당연한 듯 대수롭지 않게 당신의 양말을 잘라내셨다. 세월의 풍파를 피하지 못해 거칠어지고 뻣뻣해진 피부, 언제 끼었는지도 모를 만큼 손가락 피부와 하나가 되어있는 낡고 찌그러진 은반지 한 쌍, 반지가 절대 빠질 것 같지 않은 굵은 손가락 마디, 활처럼 살짝 휘어진 손가락들, 늙고 늘어진 피부 속에서 존재감을 알리는 검푸른색의 튀어나온 굵은 힘줄, 얼룩덜룩 검버섯들로 낡은 세월의 그림을 그리고 있는 손등, 몸 안의 수분을 잡을 힘이 없어 계곡처럼 쩍쩍 갈라진 손끝, 그 틈으로 들어간 바람은 예리한 바늘처럼 날카롭게 찔러 댔다. 할머니는 파고드는 쓰린 바람을 막기 위해 갈라진 틈새마다 하얀 반창고로 보수공사 하듯 휘휘 감아 꼼꼼히 통증을 달래고 있었다. 해가 저물며 마지막 힘을 다해 쏟아내는 발그레한 저녁노을이 새로 바른 방문 창호지에 조용히 스며들어 고즈넉한 저녁의 향을 피웠다. 내가 좋아하는 따뜻한 행복의 냄새였다.

　"쓰~읍~! 하이고~~영순아, 여~여~ 바늘귀 좀 끼워봐라! 영~손끝이 갈라져서는 딱꼼허니 아프네~하이고~쓰~읍!"

　"많이 아파요?"

　"이이~왜 이렇게 아프다냐! 시상이나 이제는 손가락도 뻣뻣허니 여기저기 갈라져 가꼬 바늘이 쥐어지지도 않네. 허이고~"

가늘고 작은 바늘은 야속하게도 쩍쩍 갈라져 버린 할머니의 손가락 피부 사이로 들어가 쓰라리게 박히고 있었다.
　"할머니! 여기요~"
　"이~그려, 그려~~잘했다! 하이고~우리 영순이가 옆에서 도와주니까는 여간 안 좋네~시상이!"
　할머니의 흐뭇한 미소로 굵게 잡힌 이마 위의 주름이 기분 좋은 기지개를 켠다. 백내장이 구름처럼 덮어 침침해진 눈에 상처투성이 두꺼운 렌즈의 휘어진 돋보기안경을 콧등에 이고 바느질을 하시는 할머니. 할머니는 당신의 모습을 세심하게 마음으로 담고 있는 손녀가 옆에 있어 든든하고, 그 손녀는 사부작사부작 사랑의 바느질로 자신의 일상을 꿰매고 있는 할머니의 온기가 있어 좋다. 할머니는 그날도 당신의 삶을 잘라 엄마 없이 자라는 손녀들의 어린 일상을 단단히 기워가셨다.
　엄마는 자녀가 건강하게 성장하기 위한 기본 토양이며 여러 가지 복잡하고 다채로운 욕구들을 채워 심리적으로나 정서적으로 안정감을 주는 존재. 그렇다 보니 다른 대상이 엄마의 자리를 대신한다는 것은 어렵고 까다로운 일이며 최선을 다한다고 해도 분명 그 차이는 생기게 마련이다. 그렇다면 부모의 이혼으로 엄마와 떨어져 만날 수조차 없는 경우라면 도대체 어떻게 하란 말인가? 건강한 성장은 기대할 수 없다며 포기하듯 인생을 내팽개쳐야 할까? 아니면 운명으로 받아들이며 무기력하게 이방인처럼 살아야 할까? 물론 아니다. 만약 그렇다면 나는 이 책을 쓰지 않았을 것이다. 엄마라는 존재를 온전히 대신할 수는 없겠지만 그것에 버금가는 질과 양으로 충분히 이혼가정의 자녀를 건강하게 양육할 수 있는 대상은 분명히 있다고 나는 확신한다. 아니! 믿고 싶지는 않지만 부모보다 더 나은 대상은 버젓이 존재하고 있지 않은가? 이를테면 심리적 불안이 만연하고 스트레스 지수가 높으며 성격적인 결함 등으로 인해 반복적인 폭력과 학대, 방임을 일삼아 자녀에게 치명적인 영향을 끼치는 엄마라면 어떨 것 같은가? 안정적이고 건강한 다른 존재가 필요하지 않겠나? 내 설명이 너무 극단적인가? 자, 그럼 좀 더 이야기를 풀어보겠다. 부부가 이혼하기까지는 이미 오랜시간 고통을 동반한 많은 갈등과 스트레스가 존재한다. 그 기간이 길어지면 길어질수록 횟수가 빈번해지면 빈번해질수록 갈등의 강도가 세면 셀수록 자녀에게 부정적인 영향을 끼칠 거라는 것은 불 보듯 뻔한 일이다. 부부 갈등으로 생기는 극심한 스트레스와 피로감 또는 심리적, 정신적 어려움으로 인해 자녀를 건강하게 양육하기 힘들어진 사례들은 우리 주변에서도 얼마든지 찾아볼 수 있다. 대부분 에너지가 부부관계의 갈등이나 각자의 상처에 집중되어 있기에 자녀를 세심하게 챙길 여력이 없는 것이다. 아니, 좁아진 시야로 인해 자녀가 보이지 않는다는 말이 더 맞을 수 있겠다. 그렇다고 해서 그 부모가 자녀를 사랑하지 않는 것은 아니다.

단지, 자신들의 문제에 함몰되어 허우적대는 미성숙한 부모의 모습을 자녀들로 하여금 직면하게 만드는 것일 뿐! 만약, 부모가 일부러 자녀에게 해를 끼치는 말과 행동으로 심리적, 정서적, 신체적 학대를 가한다면 그것이야말로 엄연히 범죄행위일 것이다. 사랑받고 보호받아야 할 대상으로부터 당하는 공격은 심리적인 혼란과 더불어 건강한 성장에 치명적이다. 성숙한 부모라면 서로 헤어진 관계라 할지라도 자녀에게만큼은 끊임없는 관심과 적극적인 보살핌, 그리고 변함없는 사랑을 주어야 한다. 법적인 부부관계는 종결되었으나 부모의 역할은 여전히 존재하며 자녀의 건강한 성장을 위해 서로 협력해야 할 협력자이기 때문이다. 자, 다시 처음으로 돌아가 보자. 부모의 이혼 후 나에겐 엄마를 대신할 할머니가 계셨다. 내가 지금도 행운이라고 생각하는 것은 할머니가 나에겐 안정감을 주는 대상이었기 때문이다. 이것이 가능했던 이유 중 하나는 아들 부부가 만드는 갈등과 스트레스 상황에 한데 얽히지 않았다는 점이다. 만약, 갈등과 스트레스 상황에 할머니가 끼어들었거나 정서적으로 분리되지 않아 삼각관계가 만들어졌다면 그 안에서 파생되는 부정적인 감정과 에너지는 고스란히 나를 키우는 과정에서 투사되었을 것이다. 그러나 할머니는 마지막 생을 마감하는 순간까지 나라는 사람을 애틋하고 소중히 여기셨다. 이것이 바로 내가 운이 좋았으며 신의 한 수라고 말하는 부분이다. 24년이 지난 지금도 할머니가 꾹꾹 담아주신 애틋한 사랑은 내 가슴 속 깊이 뜨겁게 건재하고 있다. 자신들의 상처와 아픔 때문에 자녀의 고통을 보지 못하는 부모! 어쩌겠는가! 그런 부모를 원망이라도 하겠는가? 이게 무슨 부모냐고 욕이라도 하겠는가? 아니면 자녀부양 의무 소홀이라는 이유로 고소라도 하겠는가? 다 부질없는 일이다. 오히려 우리의 발목을 잡아 현재를 온전히 살아가지 못하게 할 뿐이다. 세상에는 완벽한 사람이 없듯 완벽한 부모도 없다. 늦은 나이에 부모가 된 나는 아이들을 낳고 키우면서 좋은 부모가 된다는 것이 얼마나 어려운 일인지 뼈저리게 경험하는 중이다. 어른이면서 엄마인 나는 때론 아이들보다도 못한 모습이 되기도 하고 그들에게 배우기도 한다. 좋은 엄마가 되고 싶어 부모교육을 공부했고 아이들과 함께 성장 중이다. 완벽한 엄마는 될 수 없으니 최선을 다하는 엄마라도 되어야 하지 않겠나! 매번 같은 실수를 하고 똑같은 상황에서 넘어지고 매번 반성하고 또 반성하는 서투른 엄마이지만 그런데도 성장하기 위해 무진장 애쓰고 있는 나는 엄마다. 부족한 엄마이지만 나는 내 아이들을 진심으로 사랑한다. 건널목을 건너려는 순간 딸에게 달려드는 차를 향해 1초의 망설임도 없이 내 몸을 날려 딸을 끌어당겼고, 5살 어린 아들을 40분간 잃어버렸을 때 미친 듯이 울부짖으며 아들을 찾아다녔던 나를 보며 느꼈다. 내가 엄마구나! 잠깐 아이들이 학교에 간 사이에도 보고 싶었을 정도니 무슨 말이 더 필요하겠는가! 내가 여기서 내 아이들을 목숨처럼 사랑하는 모범적인 엄마라고 자랑하려는 것이 아니다. 부부가 오래전부터 심각한 갈등 상황에 놓여있든 이미 법적 절차를 밟아 헤어져 있는 상태든 상관없다. 건강한 부모라면 자기 자녀를 향한 애틋함과 사랑은 변할 수 없다는 것을 말하고 싶을 뿐이다. 부모의 이혼으로 다른 사람의 손에서 자랐어도, 자라온 환경이 빈곤해 필요한 것을 다 갖지 못했어도, 우리의 성장을 돕던 보살핌에는 의심할 여지가 없다. 우리가 이혼가정의 자녀라고 해서 값싼 사랑을 받으며 자랐다고 생각하지 마라. 그것마저도 눈치 보며 구걸하듯 얻었다고 생각하지 마라. 함부로 싸구려 취급하지 마라. 중요한 건 우리가 저렴하지 않다는 것이다. 우리를 둘러싼 환경이 가난했을 뿐 우리가 받았던 사랑은 결코 가난하지 않았다. 부모가 헤어졌다고 해서 그 사랑이 반토막 나는 것도 아니고 사라지는 것도 아니다. 다만, 상황에 따라 그 모양새나 방법이 달라질 뿐이다. 그러니 당신이 받은 사랑을 의심하지 마라. 고통이 없는 성장은 없다. 고통을 품지 않은 희생도 없다. 지금의 우리가 있을 수 있는 것은 상황이나 환경이 어찌 됐든 그 안에는 분명 누군가의 희생이 들어있다는 것을 기억해야 한다. 고통을 감내한 희생은 가짜일 수 없다. 고통을 품은 희생은 값진 사랑이다. 우리가 받은 것은 고귀한 사랑이며 그 높은 가치는 바로 나와 당신이라는 결과물로 태어났음을 기억하라!

결핍은 새로운 영역을 계발한다

'싹둑 싹둑~~싹둑~삭둑~~쓱쓱'

나는 뒤꼍 마당에서 이가 듬성듬성 빠진 오래된 머리빗과 세월의 풍파에 무뎌진 가위로 할머니의 긴 머리를 자른다고 고군분투하고 있었다.

"할머니~이만큼 잘라요? 이만큼? 얼마큼 잘라요?"

"이! 그냥 대충 짧게 짤러 봐! 아무렇게나 잘라도 암씨렁 안 하니까 는 그냥 시원하게 잘라라. 이?"

"그래도 할머니 머린데, 아무렇게나 대충 자를 순 없잖아요."

"아녀! 괜차녀. 암씨렁 안 혀. 그냥 니가 내키는 대로 잘라 봐."

난생처음 누군가의 머리를 잘라보는 탓에 잔뜩 긴장한 나는 몸 구석구석에 힘이 들어가 있었다. 할머니는 괜찮다고 하셨지만, 도대체 어떻게 잘라야 하는지도 모르겠고, 난감함 그 자체였다. 내 사정이야 어찌 됐든 할머니는 이미 마음의 준비를 끝내셨다. 나는 그 짧은 순간 치열하게 고민했다. 미용실에서 머리를 어떻게 잘라줬는지 기억을 짜내야 했다. 할머니의 머리는 정갈하게 쪽을 진 머리다. 머리를 감으면 허리까지 오는 기다란 머리카락을 참빗으로 곱게 빗어 내리고 머릿기름 몇 방울을 손바닥에 따라 윤기가 나게 머리에 바르셨다. 그리고는 아주 능숙한 손놀림으로 돌돌 말아 올려 빛바랜 은색 비녀로 화룡점정 하셨다. 어릴 때부터 할머니의 이런 모습이 신기하기도 하고 재미있기도 해서 늘 할머니 옆자리를 바짝 꿰차고 앉아 머리 단장하시는 모습을 뚫어져라 바라보곤 했다. 할머니에게서만 찾을 수 있었던 나의 유일한 재밋거리였다. 그러던 어느 날 이런 과정들이 너무 귀찮으시다며 머리를 잘라야겠다고 하시는 것이 아닌가! 나는 내심 서운했다. 머리를 단아하게 빗어 내리는 할머니의 고상하고 멋스러운 모습을 더 이상 볼 수 없을지도 모른다는 생각에서였다. 그도 그럴 것이 이제는 쪽 찐 머리를 한 할머니들이 점점 줄어들고 간편하게 파마머리를 하시는 분들이 많았다. 진작에 할머니도 간편한 머리를 하고 싶어 하셨다. 돈도 돈이지만 큰맘 먹고 머리라도 하려고 미용실에 갈라치면 몇 대밖에 다니지 않는 버스를 타고 시내로 나가야 하는 번거로움을 감수해야 했고 하루가 꼬박 걸리는 일이었으니 어려운 형편에 그것 자체가 당신에게는 사치라고 생각하신 것이다. 넉넉하지 않은 살림에 미용실에서 머리를 한다는 것 자체가 할머니에겐 생각할 수도 없는 일이었다.

"후유~잘 자르고 있는 건지 모르겠어요. 할머니! 어? 이상하다. 이쪽이랑 이쪽이 안 맞는데?"

"괜찮햐아~~머리가 원체 곱슬이라서 대충 잘라도 암씨렁 안 혀. 그냥 짧게만 짤라줘~이?"

나는 머리모양의 균형이 맞는지 살피고 잘라내고 살피고 다듬고를 반복하고 또 반복했다. 할머니와 한평생을 같이 했던 긴 머리카락들이 사정없이 잘려 나가고 점점 짧은 머리로 변해 갔다. 집에서 굴러다니던 빨간색 손잡이 플라스틱 가위는 날이 예리한 건 아니었지만 그럭저럭 머리카락을 자르는 데는 무리가 없었다. 나는 실수하지 않으려 어찌나 조심했던지 긴장감이란 녀석은 계속 내 몸에 남아있었다.

"쓱싹~쓱싹~~~쓱쓱~~~스스슥~~쓱싹~~~"

"할머니, 다 잘랐어요. 보실래요?."

꽤 시간이 지난 것 같다. 미리 방에서 떼어 온 네모난 큰 거울로 할머니는 당신의 머리를 확인하셨다.

"하이고~잘 짤랐네~~시상이나 어쩌면 이렇게도 솜씨가 좋다냐!

참말로~~잘했네~~잘했어!"

"할머니 어때요? 괜찮아요?"

"하이고~~~이 정도면 뭐~최고다! 최고여! 우리 영순이 수고했다! 참말로! 아주 내 마음에 쏙 드네! 내 새끼 욕봤다!"

사실, 내 솜씨가 좋으면 얼마나 좋았겠는가! 할머니가 곱슬머리인 덕분에 서투른 솜씨임에도 불구하고 잘 표가 나지 않았던 것뿐이다. 어쨌든 다행이었다. 구불구불 큰 웨이브도 있고 꼬불꼬불 작은 웨이브도 있고 자르기만 하면 곱슬곱슬한 머리카락들이 알아서 둥글둥글 말아졌기 때문에 겉으로 보기엔 아주 그럴싸했다. 기분이 무척 좋았던 할머니는 잘려 나간 긴 머리카락들을 보고 놀라셨다.

"시상이나 머리카락이 이렇게나 길었으니 말이여! 옛날에는 어뜨케 머리를 허리까지 길어서는 쪽지고 살았는지 몰라, 하이고~이게 다 내 머리카락이냐? 시상이~많기도 허네! 그동안 아주 갑갑하더니만 짧게 자르니까 시~원~하고 좋네, 아주! 영순이 수고했다. 욕봤다! 욕봤어!"

할머니 고객님은 아주 대만족이셨다. 그때부터 나는 할머니의 전담 미용사가 되었다. 그러다 한 번은 막냇동생의 머리카락을 자르다가 귀를 베기도 했다.

지금 생각해 보면 아찔하기 그지없다. 그 이후로 나는 내 앞머리 정도는 직접 자른다. 결혼 후 아이들 머리도 미용실 가기 애매하거나 만만한 것은 내가 집에서 직접 잘라준다. 가끔 실수할 때는 미용실에서 서비스를 받기도 하지만 말이다. 이후로 나는 한가지 습관이 생겼다. 미용실에 갈 때마다 머리를 어떻게 자르는지 손의 모양, 머리를 잡는 각도, 가위질하는 방법 등을 매의 눈으로 지켜본다. 너무 뚫어져라 쳐다보는 탓에 헤어전문가가 이런 나를 부담스러워했을지도 모르겠다. 아하하하. 원래 잠재해 있던 예리한 능력을 끌어낸 건지 이런 노력으로 새롭게 계발된 것인지는 모르겠으나 결과적으로 나는 머리카락 자르는 솜씨가 꽤 좋아졌다. 헤어전문가도 놀라는 정도가 됐다. 하하하. 가난한 환경 탓에 억지로 등 떠밀려 시작했던 일이 이제는 내 생활 속 영역에서 영리하게 역할을 하고 있다. 신기하지 않은가? 결핍이 새로운 영역의 능력을 끌어내거나 계발해 낸다는 것이 말이다. 이와 비슷한 사례들은 얼마든지 우리 주변에서 찾아볼 수 있다. 왜소하고 작은 키를 가진 남성들이 엄청난 운동으로 성난 근육질의 몸으로 만들어 몸집을 키운다든지, 시력이 좋지 않은 사람의 청각이나 촉각이 더 예민하게 발달하여 소리에 민감하게 반응하거나 섬세한 촉각이 분별 능력에 탁월함을 보인다든지 말이다. 자신의 결핍을 뛰어넘어 훌륭한 업적을 남긴 위인들은 또 얼마나 많은가! 베토벤은 귀가 들리지 않았음에도 불구하고 세기를 뛰어넘는 훌륭한 곡들을 만들어냈다. 헬렌 켈러는 어떠한가! 앞이 보이지 않고 귀가 들리지 않았음에도 빛나는 성과를 이루어내지 않았던가! 차이

콥스키는 비극적인 결혼생활에 좌절하고 자살까지 생각했던 처참한 인생을 살았음에도 오히려 그것을 기반으로 위대한 교향곡인 '비창'을 작곡하지 않았던가! 찰스 다윈은 "내가 그토록 심하게 아프지 않았더라면 그 많은 일을 해낼 수 없었을 것이다."라며 자신의 결핍은 오히려 많은 일을 할 수 있도록 돕는 원동력이었다고 말하고 있지 않은가! '길 위에서 하버드까지'의 실제 주인공인 리즈 머리와 태어나고 자라는 내내 '노숙자'라는 이름으로 불렸던 카디자 윌리엄스의 공통점은 바로 극심한 가난과 위험하고 처참한 노숙 생활을 하면서도 당당한 삶을 살겠다는 꿈과 함께 하버드대학생이 되는 큰 성과를 이루었다는 것이다. 통상 노숙인 형편의 아이들이 대학에 들어가는 확률이 0.0008%라고 한다. 말 그대로 낙타가 바늘구멍에 들어갈 확률이지 않은가! 이것을 생각해 본다면 실로 엄청나고 대단한 성과가 아닐 수 없다. 카디자 윌리엄스는 길거리에 굴러다니는 낡은 신문들을 매일 매일 꼼꼼하게 읽었고 어스름한 가로등 불빛을 의존해 길거리에 앉아 공부했다고 한다. 그 결과 미국 전역의 20여 개 대학으로부터 합격 통지서를 받았고 그녀가 바라던 명문대인 하버드대학을 선택해 4년간 장학생으로 당당히 꿈을 이루는 큰 성과를 거두었다. 극한의 환경에서도 큰 성공을 이루어낸 이들과 감히 견줄만한 것은 못되지만 나 역시도 가난이 만드는 결핍에서 문제를 해결하는 일에 능숙해졌다. 아니, 능숙해져야만 했다. 늘 뭔가가 잘 갖춰지지 않았던 환경이었기에 상황을 빠르게 파악하고 그 자리에서 해결하는 능력이 주어진 것이다.

 일요일 아침 일찍부터 아이들과 택시를 타고 교회에 가야 했던 나는 뒷좌석의 안전띠가 6살과 4살의 아이들에게 전혀 맞지 않다는 것을 알았고 엄마인 나는 택시가 출발하기 전 아이들의 안전을 위해 그 문제를 즉시 해결해야만 했다. 나의 고민은 오래 걸리지 않았다. 아이들이 입은 조끼가 내 눈에 들어왔고 바로 안전띠를 잡아, 아이가 입은 조끼의 왼쪽 겨드랑이 속으로 안전띠를 넣고 통과시켜 반대쪽 조끼 아랫단으로 빼내어 착용시켰다. 순식간에 아이들 크기에 딱 맞는 안전띠가 뚝딱 만들어졌다. 이럴 때마다 나는 나에게 뿌듯함을 느낀다. 왠지 모를 쾌감도 느낀다. 오히려 이런 상황을 즐기기도 한다. '옷호! 나 좀 영리한데?' 마치 내가 천재라도 된 것 같은 기분을 천연덕스럽게 만끽하기도 한다.

 우리에게 부여된 열악한 환경이야 어찌 됐든 그 속에서도 변함없이 삶은 지속되고 그 안에서 충실히 살아내는 것은 우리의 몫일 것이다. 나의 이런 대처 능력은 특히 아이들을 키울 때 최고로 빛을 발했다. 아이들은 엄마가 대처할 수 있도록 기다렸다가 일을 벌이지 않기 때문이다. 이런 경험들이 쌓이다 보니 이제는 특별한 능력이 되었다. "어떻게 이런 생각을 하지?"라며 주변에서 감탄하기도 한다. 그런데 더 신기하고 재미있는 것은 내 동생도 같은 능력을 가지고 있다는 것이다. 이것을 알아차린 순간 나는 웃음이 터져 나왔다. 나는 이것이 가난이라는 결핍이 준 특별한 능력이라고 생각한다. 물론, 원래 선천적으로 타고난 것인데 가난이라는 환경이 끌어내고 증폭시킨 것인지 아니면 없던 능력이 새롭게 계발되어 생활 전반으로 확대된 것인지 정확히는 알 수 없다. 그러나 중요한 것은 이 능력이 결핍의 환경에서 자라온 우리에게 장착되어 있다는 점이다. 잘 갖춰진 환경에서는 필요를 찾아 반복적으로 고민하며 연구할 필요가 없으니 결국 이 능력은 결핍이 주는 특별한 선물이지 않겠나!

그렇다! 결핍은 우리가 새로운 영역을 계발할 수 있도록 기회를 준다. 결핍에서의 생존전략이 성장을 끌어내는 강력한 마중물이 되는 셈이다. 모든 것에는 양면성이 존재하듯 결핍에 대한 긍정적인 시각을 의식적으로 갖는 것이 중요하다. 결핍을 회피하거나 부정하지 않고 수용하는 사람이 얻을 수 있는 결과물이기 때문이다. 그러니 결핍을 미워하지 마라. 원망하지도 피하지도 마라. 가난이라는 결핍으로 인해 지금의 넉넉하고 여유로운 삶을 살아가고 있는 사람들처럼, 가정의 결핍으로 인해 지금의 행복한 가정을 꾸려나가는 사람들처럼 우리도 각자가 키워낸 특별한 능력으로 성장할 것이다. 그러니 결핍 속 자신을 믿고 당당하게 살아내라!

별은 밤이 어두워질수록 빛을 낸다

나는 지독히도 아프고 외로웠던 결혼생활을 마무리하고 있었다. 이 과정을 겪어본 사람이라면 잘 알 것이다. 마치 물 한 방울의 자비도 허락되지 않는 지옥의 불구덩이 속에서 온몸이 타는 듯한 고통과 싸우며 가까스로 버텨내는 과정이라는 것을. 상상 이상의 강렬한 고통은 사람이 얼마만큼 단시간에 처참히 망가질 수 있는지를 생생하게 보여 주기도 한다. 때론 정서를 마비시켜 마치 죽은 사람인 양 아무것도 느낄 수 없는 무감각한 상태로 만들어 버리기도 한다. 결국, 생존을 위해서는 경계선 없이 제멋대로 침범하는 부정적인 에너지를 차단하는 것이야말로 답이 될 수 있다는 것을 깨달았다. 이 결론을 내리는데 자그마치 13년이라는 세월이 걸렸다. 나름대로 기대와 희망은 있었다. 그러나 이것은 얕은 지식에서 나온 나의 어리석음이었고 오만함이었다. 그야말로 순진한 착각이었다. 원가족의 시스템에서 완전히 분리되지 않는 상태로 가정을 세운다는 것은 많은 갈등을 초래하는 일이다. 결론적으로 결혼이라는 법적 제도 안에서의 행복하고 안정적인 가정이란 한쪽만의 노력이나 힘만으론 어림없는 일임을 이론이 아닌 경험으로 체득한 셈이었다. 당신도 알다시피 모든 관계는 신뢰를 기반으로 한다. 한 번 신뢰가 깨지면 회복하기 어려우며 회복을 선택했다 하더라도 그 몇 배의 노력과 헌신의 댓가를 치러야 하는 고된 과정이 수반된다.

나는 그 당시 아이들의 양육권 문제로 갈등상황에 있었다. 아이들은 엄마인 나와 사는 것을 원했고 모두가 그렇게 하기로 결정하였으나 의도치 않게 약속은 번복되었다. 나와 아이들은 큰 충격에 빠졌다. 말해 무엇하겠는가! 아이들은 내 생명과 같은 존재였고 가장 뿌듯하고 자랑스러운 인생의 결과물이었다. 매일 매시간을 함께하면서도 학교에 가 있는 그 잠깐의 시간에도 보고 싶어지는 대상이었다. 유일한 버팀목이었다. 그럼에도 불구하고 전업주부였던 나는 경제적인 면에서 불리한 상황이었다. 해결점을 찾아야 했다. 주변의 반응은 아이들을 포기하라는 쪽으로 기울고 있었다. 미치도록 인정하고 싶지 않았지만, 그것이 내 현실이었다. 어떻게 하면 아이들을 데리고 올 수 있을까? 아니, 어떤 선택이 진정 아이들을 위한 것인가를 매일 매시간 매 순간 생각했다. 물도 넘어가지 않았고 잠도 오질 않았다. 하루가 다르게 말라갔고 몸 상태는 최악으로 치달았다. 화장실에 가면 그나마 먹었던 것들을 물처럼 쏟아내기 일쑤였다. 온몸은 칼로 찌르는 듯한 통증으로 만신창이가 되었다. 내 입장에서만 보면 진정한 자유와 평안, 쉼을 얻는 과정이었다. 새로운 삶과 희망을 향해 힘차게 날갯짓을 할 수 있는 좋은 기회를 얻는 것이었다. 진짜 나로 내 인생을 설계하며 원하는 삶을 살 수 있다는 강력한 신호탄이었다. 그러나 이 과정을 마냥 좋아하며 기쁨을 만끽하지 못하는 난 두 아이의 엄마였다. 내 인생만 생각해서는 안 된다는 의미이고 책임져야 하는 존재가 둘씩이나 있다는 뜻이었다. 나는 아이들에게 어렵게 입을 열었다. 쉽게 알아들을 수 있도록 간단하게 상황을 설명했다. 엄마로서 최선을 다하고 있지만 어쩔 수 없이 함께 살지 못하게 될 경우도 생각해야 했기 때문이다. 힘들지만 나도 아이들도 마음의 준비는 하고 있어야 했다. 어떻게든 현실적으로 내가 아이들을 키울 수 있는 조건이나 환경을 만드는 것이 중요했다. 아이들에게 아빠와 살았을 때 좋은 점과 엄마와 살았을 때 불편할 수 있는 점들을 예로 들며 혹시나 우리가 원하는 방향으로 일이 풀리지 않을 경우를 대비하고자 했다. 그러나 나의 이런 노력에도 불구하고 엄마와 함께 살겠다는 딸아이의 결심은 아주 단호했다. 눈빛마저 비장했다. 그 아이에겐 '만약이라는 단어 자체가 존재하지 않았다. 생각할 수도 없는 일이었다. 그만큼 절실했기 때문이다. 이 글을 읽는 당신은 왠지 불편한 마음에 반문할 수도 있겠다. 왜? 굳이 아이들을 어른들만의 문제에 끌어들여 상처를 주고 더 불안하게 만드는 것이냐고 말이다. 맞다. 맞는 말이다. 아이들에겐 분명 피할 수 없는 극도의 불안감이며 고통스러운 상처다. 그러나 간과해서는 안 되는 것이 있다. 부모의 극심한 갈등과 이혼 과정을 함께 겪는 자녀들은 주변에서 벌어지는 정황들을 구체적으로 명확히는 알 수 없지만, 어른들이 생각하는 것 이상으로 모두 생생하게 느끼고 있으며 자기 방식대로 고민하고 생각하고 있다는 것을 알아야 한다. 아이들이 듣고 이해하지 못한다거나 크게 충격을 받을 수 있는 부분까지 세세하게 이야기할 필요는 없다. 그러나 자녀의 연령대에 맞게 현재 진행 상황에 대해 간단하게라도 이야기해 주는 것이 좋다. 그렇지 않으면 자기 마음대로 상상하고 생각하고 해석해서 부모의 갈등이나 이혼 과정의 원인을 자신의 탓으로 돌린다거나 자신의 노력으로 다시 부모의 관계가 좋아질 거라는 헛된 희망을 품게 될 수 있기 때문이다. 안타깝게도 그 희망이 산산조각이 나고 좌절되었을 때 큰 상처가 되는 것은 물론 큰 무력감에 빠질 수 있다. 그래서 부모는 현재의 갈등과 이혼 과정의 원인이 자녀의 탓이 아니라는 것을 분명히 말해줘야 한다. 또, 자녀의 바람처럼 이제는 부모가 함께 살 수 없음을 이야기해 줘야 한다. 비록 부모는 헤어지지만, 자녀를 끝까지 책임지고 사랑으로 양육할 것이며 부모가 서로 떨어져 사는 것 외에 양가 조부모나 친척 모두는 여전히 한 가족이라는 사실은 변함이 없음을 명확히 이해시켜 안심할 수 있도록 해야 한다. 자녀가 어느 쪽 부모와 함께 살 것인지에 대한 법적인 문제도 있기에 자기 생각과 의견을 충분히 이야기할 수 있는 연령대의 자녀들에게는 의사를 분명히 표현할 수 있도록 배려해야 하며 최대한 반영할 수 있도록 해야 한다. 자녀들이 고통스럽고 어려운 과정에서 내린 결정이기에 더욱 그대로 존중되어야 한다. 이것이 자녀들이 알아야 할 이유이며 최소한의 권리다.

단호한 표정과 말투, 비장한 태도로 자기 의사를 전하는 딸에게 나는 약속했다.

"알았어! 네 마음이 어떤지 충분히 이해했어! 네 생각이 그만큼 확고하다는 것도 충분히 알겠어! 너희가 원하는 대로 될 수 있도록 엄마가 최선을 다해 볼게! 끝까지 해볼게!"

피곤함이 한꺼번에 몰려왔다. 지칠 대로 지친 몸과 마음에 쓰러지듯 옆으로 누웠다. 그러자 나를 가운데로 두고 양쪽으로 딸과 아들이 바짝 다가와 함께 누웠다. 각자의 방에 침대는 있었지만, 엄마와 함께 자겠다는 아이들의 성화로 며칠째 바닥 생활을 했다. 그 바람에 침대는 인형들이 주인이 되었다. 그날도 우리는 함께 누웠다. 불을 끄자 천장에 붙어있는 야광 별 스티커들이 밝게 빛을 내기 시작했다.

그 순간 역시나 '엄마 있잖아요!'라는 말과 함께 자동으로 펼쳐지는 아들의 상상 속 이야기의 세계! 재미있게 읽었던 책 내용이라든지 하루 종일 주변에서 있었던 이야기, 평소에 궁금하게 생각했던 것들을 꼭 잠자기 몇 분 전부터 이야기보따리를 풀어내는 통에 늦게 잠들기 일쑤였다. 9살 아이가 풀어내는 생각들이 너무 기발하고 창의적이어서 언제부턴가 나는 그것을 핸드폰에 기록하기 시작했다. 글로 쓰기도 했지만 급할 땐 핸드폰으로 녹음을 하기도 했다. 아들의 이야기는 나에게 감동을 주기도 하고 탄성을 자아낼 만큼 깜짝 놀래키기도 했다. 나는 그런 아들의 모습이 사랑스럽고 좋았다. 그러나 매일 잠자기 전 불을 끄면 시작하고 언제 끝날지 모르는 동생의 끝없는 이야기에 딸은 짜증을 내기도 했다. 도대체 잠을 잘 수 없게 만드니 그 고통이야 어련하겠는가! 누나의 불호령에 아들은 잠잠해졌고 나는 그 틈에 아들이 풀어놓은 이야기보따리를 핸드폰에 정리했다. 그렇게 우린 잠시 조용해졌다. 그런데, 바로 그때였다! 조용히 잠을 청하고 있던 그 순간 캄캄한 어둠 속에서 들려오는 딸의 나지막한 노랫소리가 내 가슴을 강타했다. 뭉클했다. 노래에 실린 딸의 마음이 느껴져 울림이 더 컸다. 그리고 그 감동은 조용히 뜨거운 눈물로 쏟아졌다. 딸의 노래는 계속 반복되었고 조용한 어둠을 따뜻한 기운으로 감싸고 있었다. "반짝반짝 에스더 아름답게 비치네 동쪽 하늘에서도 서쪽 하늘에서도 반짝반짝 에스더 아름답게 비치네." 딸아이는 부모가 헤어지는 과정에서 누구랑 살아야 할지 선택해야 하는 최악의 상황에서도 엄마에게 힘을 실어 주고 싶은 자신의 마음을 노래로 표현하고 있었다. 그랬다. 나는 빛나고 있었다. 딸이 불러준 노래처럼 나는 빛나고 있었다. 적어도 내 아이들에게만큼은 빛나고 있는 별과 같은 존재였다. '별'이라는 뜻이 담긴 '에스더'라는 내 이름은 앞이 캄캄한 어둠 속에서도 보란 듯이 빛나고 있었다. 그러고 보니 나는 이런 상황에서도 내 꿈을 향해 거침없이 달리고 있었다. 조금씩 준비해오던 것들이 순조롭게 진행되어 마침내 원하던 학교의 박사과정에 합격했다. 이혼가정 자녀들을 위한 심리치료 음반과 음원도 출시했다. 내가 알기론 국내 최초였다. 게다가 내 이름을 건 심리상담센터 사업자도 냈다. 감사하게도 내가 뿌려놓았던 씨앗들이 한꺼번에 결실을 맺고 있었다. 나는 승승장구하고 있었다. 이혼의 과정에서 조차도 나는 분명히 빛나고 있었다. 마지막으로 법정에 가기 전날 수업 시간이었다. 나는 교수님과 동료 선생님들께 새로운 출발의 응원을 요청했다. 그리고 나는 진심 어린 격려와 감동적인 응원을 흠뻑 받았다 그때의 기억은 지금도 생생하다. 나는 이혼도 축하를 받으며 했다. 아이들의 양육권을 둘러싼 갈등이 최악의 상황이었다면 그 외의 일들은 춤을 출 만큼 내 인생 최고의 상황들이었다. 믿어지지 않겠지만 내 인생은 이혼을 기점으로 상승곡선을 타기 시작했다. 결과적으로 나는 딸이 불러준 노랫말처럼 가장 빛나고 있었다. 지금도 믿어지지 않는다. 인생을 살아가면서 최고의 상황과 최악의 상황이 함께 공존하는 경험을 과연 몇 번이나 할 수 있겠나! 마치 사랑과 미움이 공존하는 심리적 상태처럼 말이다. 나는 나를 소중한 존재로 또 빛나는 존재로 만들어 준 아이들 품에서 그렇게 힘을 내고 있었다. 다행히 합의가 잘 되었다. 누군가는 진심으로 속상해하며 나에게 말을 건넸다. 지금까지 결혼과 육아로 인해 포기하고 미뤄둔 꿈을 마음껏 이루며 살지 왜 바보처럼 힘든 선택을 하냐고! 날개를 활짝 펴고 광활한 하늘을 맘껏 나는 새처럼 자유롭게 살지 왜 스스로 옭아매냐고! 그렇다! 충분히 이해한다. 냉정하게 현실을 자각하고 나만 생각한다면야 백 번이고 천 번이고 그것이 올바른 선택일 것이다. 그러나 나는 아이들을 사랑한다. 사랑에는 책임이 뒤따른다. 책임지지 않아도 되는 사랑은 없다. 마치 노인이 자신은 나무 그늘에서 쉴 수 없음을 알면서도 지금 어린나무를 심는 것처럼 나는 사랑에 충실했고 내가 할 일을 했을 뿐이다. 아이들이 건강한 성인으로 자라 자기 몫을 충분히 해내는 날까지 최선을 다해 키우는 것이 엄마의 몫일 것이다. 아이들은 이런 나를 간절히 원했고 그것은 나의 선택에서 결정적이었다.

　나는 상반되고 대립하는 개념들이 같은 시간, 같은 공간, 같은 차원에 존재할 수 있음을 생생하게 겪어냈다. 이 과정에서 나는 최악이 아닌 최고가 주는 긍정의 에너지를 의식적으로 선택했다. 그 결과 한 치 앞도 볼 수 없는 암흑 같은 상황에서도 공존하는 빛에 집중할 수 있었고 그 안에서 여전히 빛나고 있는 나를 발견하게 되었다. 보이지 않는다고 존재하지 않는 것은 아니다. 결국 최악은 나를 삼키지 못했다. 이 글을 읽고 있는 당신, 지금 당장 죽을 것처럼 힘든가? 이제 당신도 휘몰아치는 어두운 감정에 집중하지 말고 의식적으로 긍정의 빛에 집중하길 바란다. 이것은 당신의 생존을 위한 것이며 여전히 빛나고 있는 당신의 진짜 모습을 마주하기 위해서다.

끝까지 포기하지 않는 나의 비범함을 사랑하기 시작했다

혹시 당신은 인생이 계획대로 흘러가지 않는 것에 조급해 본 적이 있는가? 부모가 이혼만 하지 않았더라도 훨씬 더 좋은 환경에서 보호받고 지원받으며 인생을 수월하게 살아갈 수도 있었을 텐데 원망해 본 적이 있는가? 뭐, 누구라고 할 것도 없이 내가 그랬다. 나는 계획한 인생이 왜 이리 더디게 가는 건지 너무 짜증이 나고 화가 났다. 그러면서 부모의 지원을 받아 빠르게 목표를 이루어가는 사람들을 보며 부러워하기도 했다. 나에겐 그 부모조차도 나뉜 상태였고 경제적인 것뿐만 아니라 여러 면에서도 혜택을 받지 못했다고 생각했기 때문이다. 나는 나와 다른 사람들의 출발선이 확연히 다르다는 것을 뼈저리게 느끼는 순간마다 남들보다 열 배는 더 열심히 뛰어야 한다는 생각으로 악착같이 이를 악물었다. 유독 남들보다 더 큰 노력을 할 수밖에 없다는 생각으로 늘 압도되어 있었다. 마치 브레이크가 고장 난 채 달리는 자동차 같았던 나는 매번 경제적인 한계, 건강의 한계에 부딪혀 깨지고 넘어지며 만신창이가 되었다. 그럴 때마다 일어서고 또 다시 일어섰다. 당신은 어린 시절 물속에서 숨 참기 놀이를 해본 적이 있는가? 숨이 머리 정수리까지 차올라 도저히 버틸 수 없을 때 "파하~" 물 밖으로 나와 끝까지 참아냈던 숨을 내뱉고 새로운 숨을 크게 들이마실 때의 상쾌함이란 상상만으로도 정말 기분이 좋아진다. 말할 것도 없다. 막힌 가슴이 뻥 뚫리는 극도의 시원함이다. 마치 이제는 살았다는 안도감이 아니겠는가! 그러나 만약 매 순간 내가 하고 싶지 않아도 숨 참기를 해야 한다면 어떨까? 숨이 정수리까지 차올라 더 이상 버틸 수 없어 나가려 몸부림칠 때 누군가 내 머리를 위에서 눌러 내 맘대로 나갈 수 없는 상황이라면 어떨까? 버거움… 죽을 것 같은 답답함이 느껴진다. 이것이 지금까지 내 인생의 전반적인 느낌이었다. 사실 지금도 크게 달라진 것은 없다. 여전히 내게 주어진 삶을 치열하게 살아가고 있으니 말이다.

내가 일본에서 공부할 때의 이야기다. 선한 영향력의 사람이 되고 싶다는 원대한 꿈을 꾸며 선택한 유학이었지만 현실은 죽을 만큼 힘들었다. 한계에 부딪힐 때마다 교회 예배실에 엎드려 온몸을 쥐어짜

듯 울며 기도했다. 나를 둘러싼 상황들이 버거웠고 때로는 무섭기도 했다. 어떻게 이 암담한 현실을 극복해 나갈 수 있을지 막막했기 때문이다. 어디에도 하소연할 곳조차 없었던 나는 대부분 혼자 해결해야 했다. 한 번은 수업료 낼 돈이 없어 가까운 지역센터에서 학생 신분으로 돈을 빌렸던 적이 있었다. 해당 학교 학생이 맞는지를 확인하는 과정에서 학비를 대출한 나의 소식을 접한 유학생 담당 교수님이 급하게 나를 찾았던 모습이 눈에 선하다. 다행히 나는 아르바이트를 하면서 조금씩 성실하게 갚아 나갔다. 학교 수업을 마치고 허겁지겁 아르바이트 장소로 달려야 했던 나는 여유롭게 수다를 떨며 강의실에서 걸어 나오는 학생들이 부러웠다. 어느 정도의 지원을 받는 덕분에 자신이 쓸 용돈만 버는 학생들도 있었고 여유롭게 공부에만 집중하는 학생도 있었다. 그날도 나는 늘 그랬듯 수업을 마치고 급하게 전철역을 향해 걷고 있었다. 그때 뒤에서 누군가가 나를 크게 부르는 듯한 느낌이 들었다. 학교에서 전철역까지 걷는 동안 일본어 회화나 일본노래를 듣기 위해 이어폰을 끼고 다녔던 터라 외부 소리가 잘 들리지 않았다. 몇 번이고 부르는 느낌이 들어 뒤를 돌아보니 진하고 서구적인 이목구비에 베이지색 가을 트렌치코트 끝자락을 휘날리며 급한 걸음으로 다가오는 한 사람이 눈에 들어왔다. 누가 봐도 쯔카코시 교수님이셨다. 교수님은 임상심리학 과목을 가르치셨고 국제봉사단체에서 활동하며 '임상 동작법'이라는 치료법을 통해 사람들을 돕고 계셨다. 뇌성마비 등의 지체부자유, 자폐증, 과잉행동, 분열증, 고령자의 운동장애 등 여러 행동장애의 개선을 위해 활동하시는 분이었다. 내가 귀국한 후에도 두 번씩이나 한국으로 찾아오셔서 안부를 물어주셨을 만큼 나에게 특별한 관심과 애정을 주셨던 분이다. 뒤에서 나를 부르며 급하게 걸어오시는 교수님께 반갑게 인사를 건넸다. 함께 걸어가는 내내 교수님은 국제봉사단체에서 활동했던 현장의 생생한 치료 장면을 이야기해 주셨다. 뇌성마비 아동이 가진 행동 문제를 심리적 요인으로 진단하고 심리치료를 통해 개선 시켜 나간다는 것이 무척 흥미로웠다. 호기심 어린 질문들을 쏟아내는 나를 보며 교수님은 이번에도 며칠간 봉사를 위해 해외로 나가는데 괜찮다면 함께 가지 않겠냐고 권하시는 것이 아닌가! 교수님을 바짝 따라다니며 치료 장면을 현장에서 직접 볼 수 있는 그야말로 흥미진진한 좋은 기회였다. 그러나 나는 하루하루 수업료와 생활비를 벌기 위해 아르바이트를 해야 하는 가난한 유학생이었다. 그것이 내 현실이었다. 갑자기 의기소침해진 나는 교수님께 내 고단하고 빠듯한 유학생활에 대해 말씀드리며 함께 할 수 없음을 정중히 말씀드렸다. 너무나 아쉬웠다. 이런 내 형편에 화가 나기도 했다. "교수님, 진짜 좋은 기회인데 너무 아쉬워요. 따라가서 직접 보고 싶은데……, 그러기에 저는 너무 가난한 유학생이네요. 공부할 시간도 너무 부족해요. 요즘 같아서는 정말 온종일 공부만 할 수 있는 시간이 주어지면 얼마나 좋을까 생각해요. 경제적인 것 걱정 없이 말이죠." 답답한 마음에 한숨까지 나왔다. 교수님은 그런 나에게 말씀하셨다. "음……, 글쎄요. 시간의 여유가 많이 생긴다고 해서 그만큼 공부하게 될까요?" 가만히 생각해 보니 그랬다. 시간이 많다고 해서, 여유롭다고 해서 그만큼 공부한다는 보장은 없었다. 순간 나는 교수님을 향해 멋쩍게 웃었다. 경제적인 어려움이야 어찌 됐든 그런대로 해결해 나갔다. 그러나 안타깝게도 나는 육체의 한계를 넘지 못했다. 위암이라는 병이 나를 찾아왔다. 현실감이 느껴지지 않는 소리였다. 도저히 믿을 수가 없었고 믿으려고도 하지 않았다. 암 따위는 가족력에도 없었고 그와 비슷한 병에 노출된 적도 없었다. 갑작스레 찾아온 위암은 과로와 스트레스가 원인이란다. 과도하게 애쓰며 살았던 모양이다. 내 몸이 버티지 못한 것을 보면 말이다. 나는 암이 빠르게 전이될 것을 우려한 의사의 말을 듣고 급히 일본에서 수술을 받았다. 그리고 회복해서 다시 돌아오겠다는 학교 측과의 약속을 남긴 채 한국으로 돌아와 심신의 안정과 회복의 시간을 가졌다. 몇 년 후 내게 다시 일본에 갈 기회가 찾아왔다. 그러나 결혼과 출산이라는 선택 앞에 결국 또 늦어지고 만다. 이렇게 저렇게 꿈으로 가는 나의 여정은 생각보다 더뎌지기 시작했다. 하나를 해결하면 두 개의 문제가 생기고, 두 개를 겨우 해결하면 또 다른 장애물이 앞을 가로막았다. 그야말로 총체적 난국이었다. 고군분투하는 것이 일상이 된 나지만 아직도 버거운 내 삶이 익숙하지 않다. 아니, 익숙해지고 싶지 않다는 것이 솔직한 내 심정이다. 나는 순조롭게 흘러가지 않는 나의 삶을 불평하고 원망했다. 답답해하고 조급해했다. 경제적으로 뒷받침되지 않으니 좋은 기회들조차도 나를 떠난다는 생각이 들어 원망스러웠다. 그런데 말이다. 어느 순간 깨달았다. 이 느려터진 내 인생 꿈의 여정이 지금까지도 꾸준히 지속되고 있었음을 말이다. 자그마치 30년 세월을 말이다. 이것은 내가 아직도 포기하지 않았다는 증거였다. 이를 깨닫는 순간 온몸에 소름이 끼쳤다. 끊임없는 위기 속에서도 포기하지 않고 한 길을 묵묵히 걸어오고 있는 '나'라는 사람이 난생처음으로 대단해 보였다. 기특하고 대견했다. 그냥 놀라웠다. 그때서야 알았다. 나는 속도가 빠른 사람이 아니라는 것을! 그러나 뚜벅뚜벅 뚝심 있게 느리게라도 걸어갈 수 있는 사람이라는 것을! 어떤 열악한 환경이나 상황에도 굴하지 않으며 쓰러지면 기어서라도 가는 사람이라는 것을! 천재적 재능과 여유로운 환경은 갖지 못했지만, 그것을 뛰어 넘을 수 있는 열정과 끈기를 가진 사람이라는 것을 말이다. 예상대로 나는 오늘도 포기하지 않는 삶을 살고 있다. 지금까지 그래왔듯이 어떤 상황에서도 꿈을 포기하지 않을 것임은 누구보다 나 자신이 잘 알고 있었다. 내일이 나의 마지막이 될지라도 말이다. 열정을 가지고 끈기 있게 꿈을 이루어 나가는 힘! 나는 이것을 '비범함'이라 부르기로 했다. 나는 오랜 세월 높은 기준을 가지고 나를 쉴 틈 없이 몰아세우며 엄격하게 대했다. 나는 완벽을 추구했고 특별한 성과임에도 불구하고 좀처럼 만족해하지 않았으며 더 높은 결과를 내기 위해 사정없이 스스로 채찍질했다. 그래서 나는 '나'라는 사람이 좋아지기까지 50년이라는 많은 시간이 걸렸다. 다행이고 감사한 일이다. 나는 오늘 내 인생 여정을 날것 그대로 옆에서 예리하게 지켜보고 있는 딸과 아들에게 말한다.

"잘 봐! 간절히 원하는 것을 이룰 때까지 포기하지 않는 것이 어떤 건지 엄마가 보여 줄게! 무슨 일이든 절대 조급해하지 마! 그렇다고 쉬거나 포기하지도 마! 언젠가는 반드시 너의 때가 올 거니까! 쓰러지면 기어서라도 가! 그냥 가! 어떻게든 가! 계속 가는 거야! 그런데 말이야, 정말 중요한 게 있어. 그건 너와 죽을 때까지 함께 하는 '너'라는 사람을 아끼고 사랑하면서 가는 거야!"

미쳤다! 역경은 기회였다

　　나는 극한의 스트레스 상황에 놓여 있었다. 반복해서 조여오는 스트레스는 마음뿐 아니라 내 작은 몸까지 망가뜨리고 있었다. 다른 이들의 시선에서의 이런 나는 복에 겨운 투정을 부리고 가진 것에 감사할 줄 모르는 한낱 철부지에 불과했다. 겉으로는 가진 자의 삶을 살고 있었으니 어련했겠는가! 그러나 그 모든 것들은 내 손에 잡히지 않는 신기루였다. 풍요 속 빈곤이었다. 인간으로서 자기 인생을 마음껏 설계할 수 있는 기본적인 권리와 자유마저 허락되지 않았다. 보이지 않는 커다란 통제의 틀이 나를 옴짝달싹하지 못하게 만들고 있었다. 마치 하늘을 마음껏 날다가 어느 한순간 날개가 꺾여 날지 못해 그저 바깥세상의 자유를 동경하며 하루하루를 버티는 새의 모습 같았다. 내 편도 없었고 나와 온전히 공감하고 깊이 연결되는 대상도 없었다. 나만의 고유한 영역을 짓밟힘 당하는 수치스럽고 고통스러운 순간들조차도 나는 애써 괜찮다고 나를 다독거려야 했다.

'괜찮다! 괜찮다! 나는 괜찮다, 나만 잘 참고 견디면 모두가 아무 일 없는 듯 편안할 테니까, 혹시라도 내가 힘들다고 죽을 것 같다고 살려달라 내색이라도 한다면 프레임에 넣어 이상한 사람으로 취급할 것이 뻔하니까, 다시 그렇게 된다면 나를 키워주신 할머니에게 그 화살이 돌아가겠지, 할머니 손에서 자란 애들이나 부모가 이혼한 애들은 그래봤자 뻔하다는 식으로 한통속으로 묶어버리겠지? 그러니 견디자, 참는 거야, 참아낼 수 있어, 지금까지 잘 참아온 것처럼, 할머니가 나를 어떻게 키우셨는데 고작 그들이 만들어 놓은 사람으로 낙인찍혀 살아갈 수는 없잖아!' 나는 다짐하고 또 다짐했다. 참아내고 다시 참아내야 했다. 결국 나는 점점 피폐해지기 시작했다.

그러던 어느 날이었다. 나는 내 노트북에 나의 마지막 흔적을 남기고 있었다. 유언장이었다. 세상을 향한 원망과 내 인생의 비통함이 섞인 뜨거운 눈물이 하염없이 내 뺨을 타고 내렸다. 그랬다. 나는 죽음을 준비하고 있었다. 하나씩 내 주변을 정리하고 있었다. 가지고 있는 옷이라곤 누굴 줄 수 있을 만큼 고가의 브랜드도 아니었고 그 양조차도 불로 한 번에 태우면 그만일 정도였다. 고작 내가 가진 소중한 것들이라고 해 봐야 일본 유학 시절 내내 가지고 다녔던 손때 묻은 일본어 성경책과 그 안에 할머니 사진이었다. 전공 책과 수업자료, 나와 함께 했던 교수님들과 지인들의 사진이 전부였다. 위암 수술을 한 나의 회복을 기도하며 학과 동기들이 접어준 천 마리의 종이학과 직접 만든 부엉이 인형, 편지들뿐이었다. 그러고 보니 내가 가진 것이라곤 정말 소박하기 그지없는 것들뿐이었다. 나 한 사람 조용히 사라져도 티 하나 나지 않을 것 같았다. 혹시 가진 돈이라도 많았다면 상황이 달라질 수도 있겠지만 그것조차도 없는 나는 세상에 존재감 없는 하찮은 사람일 뿐이었다. 눈에 보이지 않는 거대한 틀 안에 들어가지 않으려 몸부림치면 칠수록 마음에 상처를 입어야 했다. 결국 나의 슬픈 감정과 무기력은 무망감의 어두운 그림자로 나를 덮기 시작했다. 나의 내면은 우울감에 몸부림을 치고 있었고 살려달라고 울부짖고 있었다. 상태가 최악으로 달리고 있던 어느 날 나는 결국 심리상담을 받게 되었다. 상담을 전공하는 사람이 내담자로 심리상담을 받으러 간다는 게 좀 의아할 수도 있지만 그리 이상한 일도 아니다. 의사도 아프면 다른 의사에게 진료를 받는 것처럼 상담사도 힘들면 동료 상담사나 수퍼바이저에게 심리상담을 받는다. 또 내담자를 잘 이해하기 위해, 그리고 상담사 자신을 이해하기 위해 내담자 경험은 필수다. 지금도 그렇지만 내가 참 별난 사람이라는 생각이 들었던 것은 그 와중에 내담자로서 상담과정을 직접 체험할 수 있는 절

호의 기회라는 생각에 호기심과 설레임이 생겼다는 것이다. 말 그대로 좋은 기회였다. 칠흑 같은 무망감의 틈에서 얼핏 새어 나오는 작은 희망의 불빛을 발견한 순간이니 말이다. 죽을 만큼 힘들었지만 어렵게? 찾아온 기회를 그냥 흘려보내고 싶지 않았다.

  누구든 심리상담센터나 병원의 정신의학과에 처음 방문하게 되면 많이 어색하고 떨릴 것이다. 결코 편안한 마음으로 갈 수 있는 곳은 아니니 말이다. 단지, 이제는 지옥 같은 고통에서 빠져나갈 수 있지 않을까 하는 한 가닥의 희망과 함께 그 편하지 않은 어색한 떨림을 이겨낼 뿐이다. 그럼에도 불구하고 나는 소개로 처음 찾아간 심리상담센터에서 마음의 상처를 받았다. 나를 상담한 심리상담사는 유교적 신념으로 가득 차 있는 사람이었다. 그는 나를 이해하지 못하는 것은 물론이고 나를 자신이 가진 틀에 넣고 판단하고 해석하려 하고 있었다. 내담자였던 나의 말에 귀를 기울이기보다 미리 나에 관한 이야기를 다른 사람을 통해 듣고 생긴 선입견을 바탕으로 상담을 하고 있었다. 이것은 있을 수 없는 일이고 있어서도 안 되는 일이었다. 나는 불쾌감을 드러냈고 상담 첫 회기부터 상담사에게 화를 내며 나오게 됐다. 나는 처음 받아 본 상담에서 부정적인 경험을 하고야 말았다. 그 이후 나는 내 마음을 가장 잘 알아줄 것 같은 심리상담사를 직접 찾기 시작했다. 그때 내 생각으론 나와 같은 또래이거나 나보다 조금 윗세대의 여성 상담사이며 결혼의 경험과 아이를 키워본 경험이 있어야 했다. 마침내 나는 그런 상담사를 찾아냈고 새로운 상담센터로 옮기게 되었다.

"딸랑딸랑"

나는 출입의 신호를 알리는 작은 종소리와 함께 하늘색 나무 문을 조심스레 열고 들어갔다. 안에서부터 흘러나오는 잔잔하고 편안한 음악이 긴장한 내 마음을 부드럽게 터치했다. 접수대 한쪽에는 작은 물방울을 미세하게 퍼트리며 건조한 공간을 말랑말랑하게 적시는 가습기도 따뜻한 분위기를 내는데 한몫하고 있었다.

"어서 오세요. 예약하셨나요?"

"아! 예."

"예. 잠시만 로비에 앉아 계세요."

"예."

나는 접수대에서 상담 시간 확인과 안내를 받고 아담하고 포근한 느낌의 로비 한쪽 구석에 앉아있었다. 로비 곳곳에 꾸며놓은 장식들이 어색함에 갈 길을 찾지 못하는 내 시선을 끌어당기기 시작했다.

'음...상담센터 로비가 따뜻한 느낌이어서 좋다. 긴장됐던 마음도 한결 편안해지게 만드는 음악도 좋네. 인테리어는 아기자기하고 포근하게 꾸미는 것도 좋을 것 같아.'

나는 어느새 구석구석 로비의 실내장식들을 보면서 미래에 있을 나의 심리상담센터 이미지를 그리고 있었다. 그러는 동안 내 차례가왔다. 나는 노크를 한 후 조심스레 상담실로 들어갔다. 상담실 안에는 내가 선택한 상담사 선생님이 앉아있었다. 상담사는 반가운 미소로 나를 따뜻하게 맞아주었고 한결 마음이 편안해짐을 느꼈다. 나는 상담사와 둥근 테이블을 사이에 두고 마주 앉았다. 테이블 위에는 상담 시간을 체크하기 위한 작은 탁상시계가 놓여 있었고 그 옆에는 티슈가 준비되어 있었다. 상담사는 내게 상담센터에 올 때 불편함은 없었는지 길은 잘 찾아왔는지 등을 물어보며 세심하게 내 상황을 살폈다. "혹시 왜 상담사로 저를 선택하셨는지 그 이유에 대해서 여쭤봐도 될까요?" 내가 새롭게 찾아간 상담센터에는 상담사가 여러 명이 있었고 이력도 다양했다. 나는 상담사의 질문에 처음으로 상담을 받으러 갔다가 공감은커녕 오히려 상처를 받고 돌아왔던 이야기를 했다. 그런 이유로 나는 나를 더 이해하고 공감해 줄 것 같은 분을 찾았고 고민 끝에 선생님을 선택한 것이라 말했다. 내 이야기를 듣던 상담사는 충분히 이해한다면서 내 심정을 공감해 주었다. 본격적으로 상담이 시작되었다. 한참 내 이야기를 듣던 상담사는 우는 나를 안아주기도 하고 함께 울기도 했다.

"정말 많이 힘드셨겠어요. 그 고통이 저에게도 고스란히 느껴지네요. 선생님은 참 순수하신 분 같아요. 남들은 아무렇지도 않게 생각할 수 있는 것임에도 불구하고 스스로 죄책감을 느끼고 계셨다는 것이 안타까운 부분입니다. 괜찮아요. 죄책감 가질 필요 전혀 없어요.

잘못한 것 전혀 없으세요."

상담사는 온전히 내 편이 되어 나를 위로하며 힘을 실어 주고 있었다. 그러는 동안 나는 오랜 세월 가슴을 짓눌러왔던 죄책감 덩어리가 사라지는 듯한 가벼움을 느꼈다. 상담은 그렇게 정해진 시간을 넘기면서까지 지속되었고 한 시간이 훌쩍 넘어서야 끝이 났다.

"계산할게요. 일시금요."

나는 로비로 나왔고 상담비를 내기 위해 직원분에게 카드를 내밀었다. 그 순간 상담을 통해 내 마음에 충만했던 감동이 반감되는 느낌이 들었다.

'아, 아무래도 상담비는 상담하기 전에 미리 계산하는 시스템이 좋을 것 같아.'

내가 직접 내담자가 되어보니 내담자의 마음이 보이기 시작했다. 나는 그날 이후로 일주일에 한 번씩 상담센터를 찾았다. 그날도 변함없이 나는 상담을 받은 후 집으로 돌아가기 위해 큰 대로변에서 택시를 잡고 있었다. 사실 집으로 돌아가기 위해 택시를 잡고는 있었지만, 나의 내면에서는 처절하게 이를 거부하며 몸부림치고 있었다. 마치 도살장으로 끌려가는 소처럼 말이다. 그러나 현실은 이미 목적지를 향해 가고 있었다. 백미러로 나를 보던 기사님이 물으셨다.

"어디가 많이 아프세요? 택시를 잡고 있던 손님 모습이 너무 안 좋아 보여서요. 어디가 많이 불편하신 거예요?"

나는 택시 기사님의 갑작스러운 질문에 흠칫 놀랐다. 아무도 모르게 숨기려 했던 비밀을 단번에 들켜버린 어린아이처럼 매우 당황스러웠다. 나는 애써 침착하게 택시 기사님이 난처해하지 않도록 대답했다.

"아! 예……, 제가 그렇게 보였나요?"

"예, 택시를 잡는 손님 모습이 멀리서 보기에도 너무 안 좋아 보였어요."

"아……, 그랬군요. 사실은 마음이 좀 힘들어서 상담받고 돌아가는 중이에요."

"아이고! 그러셨구나. 어쩐지 많이 힘들어 보이시더라니……, 얼마나 마음이 힘들면 그러실까요. 세상에!"

나는 기사님의 말에 울컥거렸다. '얼마나 마음이 힘들면 그러실까요.' 처음 보는 사람이 던지는 작은 위로에도 감정이 요동칠 만큼 나를 옥죄는 고통의 수위는 목까지 차올라 있었다. 그 이후, 나는 상담센터에서 필요한 몇 가지 심리검사를 받았다. 검사 결과는 생각보다 심각했다. 상담사는 걱정 어린 말투로 약물 처방을 권했고 제발 나 자신을 위해서 상담사를 위해서 절대 자살은 안 된다고 신신당부하며 확답을 받았다. 자살 위험성이 최고조에 달았던 그때 내 모습을 상상해 보면 몰골이 오죽했을까 싶다. 나는 검사 결과자료를 가지고 가까운 대학병원의 정신의학과에 방문했다. 그 당시 나를 담당했던 정신과 의사는 상담센터에서 받아온 검사 결과지들과 상담사가 써 준 의뢰서를 훑어보았고 추가로 필요하다고 판단되는 뇌파검사 포함 종합심리 검사를 받도록 했다. 잠시 후 하얀 가운을 입은 임상심리사가 검사실 안으로 들어왔다. 그 모습은 당시 임상심리학을 공부하고 있었던 나의 호기심을 자극하기에 충분했다. 나는 여러 검사도구로 나의 심리를 검사하는 임상심리사의 모습을 하나하나 집중해서 보기 시작했다. 아이러니하게도 기분은 그리 나쁘진 않았다. 오히려 살짝 설렜다. 병원 현장에서 일하는 임상심리사를 직접 볼 수 있는 좋은 기회라는 생각에서 였다. 검사 결과가 나왔다. 담당 의사는 지속해서 약물치료가 필요하다고 했다. 그러면서 지금은 기억나지 않지만 어떤 질병에는 평생 걸리지 않는 유전자를 타고났다며 검사를 통해 좋은 소식을 전해주기도 했다. 감사한 일이다. 나는 그 뒤로 병원에 다니며 약으로 우울증을 조절하기 시작했다. 투약용량이 커지면 계속해서 잠이 쏟아지고 몸이 무거워지는 부작용을 겪기도 했다. 대부분 우울증 약이 우울 증상을 없애는 것으로 생각하지만 실상은 우울의 정도를 조절하는 역할을 할 뿐이었다. 나는 약을 먹고 난 후의 내 몸 상태를 체크하면서 의사와의 상담을 통해 약의 용량을 조절해 갔다. 나를 담당했던 의사는 연세가 지긋한 여의사로 딱 봐도 경력이 많아 보였다. 그러나 5분 남짓, 길면 10분 정도 하는 짧은 상담으로 환자를 얼마만큼 파악할 수 있을지 의문이 생겼다. 상담이라고도 말할 수 없을 정도의 짧은 상담 시간에 놀라지 않을 수 없었다. '이게 상담의 전부라니⋯⋯.' 처음 경험해 보는 대학병원 정신건강의학과의 상담이 실망스러웠다. 게다가 더 실망스러웠던 것은 가끔 내 상담데이터가 업데이트되지 않았다는 것을 깨닫는 순간들이었다. 그럴 때마다 나를 담당하는 의사조차도 내 아픔과 고통에는 관심이 없는 것처럼 느껴졌다. 물론 대학병원의 정신의학과 의사분들을 나쁘게 말하려는 의도는 아니다. 그분들도 그 영역에서는 최선을 다하고 있을 테니 말이다. 다만 충분한 상담 시간을 확보하고 그에 따라 약을 처방하는 것이 맞지 않나 하는 아쉬움과 답답함에서 하는 말이다. 만약, 이것이 대학병원 정신의학과의 일반적인 상담 모습이라면 진심 고려해봐야 할 문제이지 않을까 한다. 병원에서 이루어지는 상담이 그저 약물 처방을 위한 형식적 진료라는 인상이 강했기 때문이다. 적어도 나에겐 그랬다. 굳이 약물을 쓰지 않고 상담만으로도 증상이 호전되고 회복되는 사례는 얼마든지 있다. 그러나 결과적으로 약물치료와 상담이 병행되어야 치료 효과를 높일 수 있다는 것은 부정할 수 없는 일이다. 현실적으로 일반 상담센터에서의 상담과 병원에서의 약물치료를 병행하기란 말처럼 쉽지 않다. 비용도 비용이지만 내담자들에게 있어서는 그만큼의 에너지를 끌어올려야 하는 굉장히 버겁고 번거로운 일이기 때문이다. 내가 경험한 우울증은 그랬다. 사람들은 우울증을 '마음의 감기'라고도 한다. 그만큼 쉽게 경험할 수 있는 증상이고 대중에게 익숙한 질병이다. 그래서 한편으론 우울증에 대해 대수롭지 않게 여길까 염려되는 부분이 있기도 하다. 감기로 자살했다는 이야기를 들어 본 적이 있는가? 나는 없다. 우울증은 자살과 깊은 연관성을 가지고 있다. 이런 우울증은 나에게 찾아왔듯 당신에게도 찾아갈 수 있다. 결코, 내가 당신에게 겁을 주기 위해 하는 말이 아니다. 단지, 우울은 사람을 가리지 않는다는 것을 말하고 싶을 뿐이다. 만약, 당신에게 우울이란 녀석이 찾아왔다면 의지로 이겨내려 한다든지 언젠간 나아지겠지 하며 방치하지 않길 바란다. 그러는 동안 우울은 당신의 생명까지 위협하는 무서운 괴물로 변할지 모른다. 보통, 사람들은 우울증에 힘들어하는 사람을 보면 마음이 약해서라든지, 너무 예민해서라든지, 별것도 아닌 걸 심각하게 받아들이는 것이 문제라며 그 원인을 오롯이 개인의 성격이나 성향에서만 찾으려는 시도가 많다. 그러나 우울증의 원인을 그 사람의 문제로만 치부하며 낙인찍기 하는 것은 매우 억지스럽고 위험한 일이다. 우울증의 원인은 단순히 생물학적, 기질적 취약성에만 국한되어 있지 않다. 그 사람을 둘러싼 스트레스 상황 즉, 가정이나 사회, 문화의 환경적 요인이 존재하며 그것을 다각적이고 통합적인 시각으로 보는 게 필요하다. 내가 가족치료의 체계적 이론을 좋아하는 이유가 있다. 가족치료에서는 우울증을 앓고 있는 사람을 환자로 보지 않는다. 그 사람이 속해있는 가족 체계에 문제가 생긴 것이며 그 문제가 체계 안에서 가장 취약한 위치의 가족 구성원을 통해 발현된 것이라고 본다. 따라서 가족치료는 어려움과 고통을 호소하는 사람만 치료하는 것이 아니라 그 사람이 속해있는 가족 체계를 치료 대상으로 삼는다. 가족은 구성원들 간의 다양한 교류방식으로 영향을 주고받는 살아있는 유기체다. 따라서 고통받고 있는 가족 구성원이 있다면 적어도 현재의 가족 체계는 건강하지 않을 가능성이 크다. 그렇다. 가족은 서로 연결되어 있다. 그러니 심리적 고통을 호소하는 가족이 있다면 그것을 그 사람만의 문제로 치부해버리지 않길 바란다. 더 나아가 사회적으로 격리되어야 하는 심각한 정신병자로 낙인찍는 일은 더더욱 없길 바란다. 이것은 우울증을 직접 경험한 한 사람으로서 하는 진심 어린 부탁이다. 자, 그럼 지금까지 써내려 온 나의 긴 이야기와 생각들을 마무리하겠다. 나는 지금도 그때의 내담자 경험을 감사하게 생각한다. 누군가는 이렇게 말하는 나를 비웃을지도 모르겠다. "덜 아팠네~, 덜 아팠으니 그 와중에 공부한답시고 상담하는 의사나 검사하는 임상심리사가 어쩌구저쩌구, 대학병원 상담시스템이 이러쿵저러쿵 말할 수 있었던 게 아니겠어?" 글쎄다. 굳이 틀렸다고는 말하지 않겠다. 사람마다 생각과 관점은 다르니 존중할 수밖에! 그러나 분명한 것은 그 당시 나는 언제 죽어도 놀라거나 당황하지 않을 만큼 실제로 죽음을 준비하던 사람이었다. 앞서 언급했지만, 심리상담센터의 상담사가 '제발 부탁이니 나는 물론이고 상담사인 자기를 위해서라도 자살 생각은 하지 말아달라!'며 진지한 얼굴로 신신당부했다고 한 말을 기억할 것이다. 그 정도로 내 상태는 심각한 수준이었다. 상담사에게도 자기 내담자의 죽음은 상담을 포기하고 싶을 만큼의 큰 충격이며 트라우마가 된다. 그러니 그런 위기 속에서도 희망이 될 만한 그 무언가를 찾아냈다는 게 스스로도 감사할 따름이다. 그랬다! 죽을 것 같은 고통과 위기 속에도 기회와 희망은 존재했다. 믿어지지 않겠지만, 그것들은 같은 시간 같은 공간에 공존하고 있었다. 결국, 우리가 어떤 것을 선택하느냐에 대한 문제였다. 당신에겐 식상하게 들릴지도 모르겠다. 아니면 '위기가 곧 기회'라는 식의 말처럼 이제는 지겹게 들릴 수도 있겠다. 그러나 상황을 바라보는 관점을 달리하니 보이더라! 당신은 이제 한 곳으로 함몰된 시선을 옮겨야 한다. 단언컨대, 한 가지 상황을 다양한 각도로 볼 수 있는 관점의 유연성을 가지게 된다면 앞으로 우리에게 닥치는 위기나 고통은 더 이상 위기나 고통이 아닐 것이다. 역경 속에는 분명 자신만의 성장 포인트가 있다는 것을 기억해야 한다. 고통이 없는 성장은 없다. 성장은 고통이 주는 선물이다. 그 선물! 당신도 찾을 수 있길 바란다.

최악의 관계 속에 숨어있는 긍정

최악의 상황에서 긍정성을 찾아내기란 쉽지 않다. 애써 의지를 들이거나 이미 그런 습관을 지니고 있지 않은 한 말이다. 당장 내 마음이 지옥인데 그 안에서 긍정성을 찾으라니! 곧 숨이 넘어갈 긴박한 순간에 이게 무슨 헛소리란 말인가! 조언이랍시고 하는 말이 참 어처구니가 없다! 고통이 장난인가? 역경이 심심풀이 게임인가? 그렇다. 그럴 수 있다. 내가 하는 말이 너무 억지스럽고 이해가 안 될 수 있다. 그렇다고 해서 아무도 알아주지 않는 당신만의 주관적 고통 속에 허우적대며 인생을 허비하고 있을 수는 없지 않은가! 하루하루 치열하게 역동하는 인생은 우리가 고통을 다 겪을 때까지 또는 마음을 추슬러 다시 일어설 때까지 기다려 주는 친절은 베풀지 않는다. 야속하게도 익숙했던 시간조차 고통에 갇혀 멈춰버린 우리의 마음 따위는 헤아려 줄 여유가 없다. 당신도 느껴본 적이 있을 것이다. 카이로스의 시간에 갇혀 죽을 것 같은 고통에 몸부림을 치지만 크로노스의 세상은 아무렇지 않게 잘 돌아가고 있음을 말이다. 변화로 활력이 가득한 세상과 고통에 갇혀 멈춰버린 듯한 나의 시간은 달라도 너무 달랐다. 분명 같은 차원에 존재했으나 각각 다르게 흘렀다. 어떤 이들은 말한다. 지금 당장 당신이 죽는다고 해도 세상은 평소처럼 아무렇지 않게 잘 돌아갈 거라고! 당신이 이 세상에 있었는지조차 기억하지 못할 거라고! 나는 갑자기 세상에 아무런 영향력이 없는 삶, 존재감 없는 내 삶이 억울해졌다. 괜히 화가 났다. 나의 존재가 이 넓은 세상에서는 참으로 미비한 존재일 수밖에 없다는 것이 말이다. 물론 위인들이나 유명인들은 해당되지 않는 말일 수도 있겠다. 그들의 영향력은 역사가 되어 세기를 초월해 흘러가고 있으니 말이다.

자! 그러면 다시 처음으로 돌아가 최악의 상황에서도 긍정을 찾아야 하는 이유를 이야기해 보자. 고통과 역경은 얼마든지 우리에게 찾아올 수 있는 손님과 같은 존재다. '끌어당김의 법칙'에서는 지금의 현실이 오히려 우리가 끌어당긴 것이라 말한다. 론다 번의 말대로라면 우리의 생각이 현실이 된 것이다. 현실에서 펼쳐지는 상황이나 주변의 사람들까지 모두 자신의 생각으로 끌어들인 결과라는 것이다.

우리가 긍정적인 생각을 하고 긍정적인 감정을 느끼면 그것이 긍정적인 현실을 끌어오고 부정적인 생각은 부정적인 현실을 끌어 온다는 원리다. 이러한 현상을 뇌과학으로 풀어보자. 우리의 뇌는 오감이나 육감을 통해 들어오는 수많은 정보 중에서 중요하다고 여기는 정보만 저장한다. 쏟아져 들어오는 엄청난 양의 정보로 인해 우리의 뇌가 폭발하지 않도록 중간에서 거름망 역할을 하는 것이 바로 '망상활성계'다. 시끄럽고 소란스러운 교실의 소음 속에서도 내 아이의 목소리가 구별되어 들린다거나 지하철 안에서 졸고 있다가 내려야 하는 역의 안내방송이 들려와 자연스럽게 눈이 떠지는 것이 그 원리다. 이런 기능을 가진 뇌는 사실상 긍정성과 부정성을 구분하지 못한다. 예를 들어 인터넷 검색창에 '절대로 원숭이를 찾지 마'라고 썼다고 해보자. 이후 컴퓨터 화면에 다양한 원숭이의 이미지가 알고리즘에 의해 나타나는 것을 볼 수 있을 것이다. 우리의 뇌도 마찬가지다. 원숭이를 절대 생각하지 말아야지 했을 때 놀랍게도 머릿속에 원숭이가 떠오르는 것을 경험한다. 이처럼 우리가 무엇에 집중적으로 에너지를 쏟고 있는지에 따라 나타나는 현상은 달라진다. 우리가 하는 생각은 감정을 불러온다. 그리고 그 감정은 행동을 일으키며 행동은 결과를 낳게 된다. 결과적으로 생각은 현실이 된다. 왜! 우리가 좋은 생각을 하고 좋은 감정을 느끼며 매 순간 감사해야 하는지를 설명해 주고 있는 대목이다. '현실에 나타난 결과는 모두 자신이 끌어당긴 것이다.'를 뒤집어 보면 우리가 생각을 통제할 수 있을 때 우리의 현실도 통제할 수 있다는 말이 된다. 로마제국을 통치했던 철학자 마르쿠스 아우렐리우스는 "우리의 삶은 우리의 생각대로 만들어진다."라고 했고, 미국의 노먼 빈센트 필 목사는 "당신의 생각이 바로 당신이다."라고 했다. 생각에 대한 중요성을 말하는 사람들은 얼마든지 있다. 그만큼 생각은 우리의 삶에 중요한 부분이다. 그렇다면 우리는 하루 동안 어느 정도의 생각을 하는가? '이유 없이 행복하라'의 작가 마시 시모프는 "사람은 하루에 6만 가지가 넘는 생각을 한다. 그중 95%는 어제나 그 전날에 했던 생각과 똑같은 생각이며 80%는 부정적인 생각이다."라고 했다. 이 외에도 여러 자료에서 차이는 있으나 사람들의 특성에 따라 약 12,000번에서 6만, 8만 번을 생각한다고 한다. 보통 하루에 6만 번을 생각한다고 하면 한 시간에 2,500번이고 1분에 대략 42번이라는 횟수가 나온다. 이것은 정말 엄청난 숫자다. 그냥 쉴 새 없이 우리는 생각을 하고 있다고 봐도 무방할 것이다. 그런데 그 생각들의 80%가 부정적인 생각이라니 정말 미칠 노릇이지 않은가! 우리의 생각이 현실이 된다고 하면 말이다.

우리가 태어나 성장하는 과정에서 뿌리 깊게 고착된 신념이나 가치관, 오래된 생각을 바꾼다는 것은 그야말로 많은 시간과 노력이 필요하다. 대부분 무의식에서 작동하기 때문이다. 세계적으로 큰 부와 성공을 이룬 사람들이 무의식을 바꾸기 위해 공통적으로 사용하는

'명상'이나 '마음 챙김', '기도'의 중요성이 여기에 있다. 그러니 예상치 못한 순간 갑작스레 찾아오는 고통과 역경은 우리가 미처 통제하지 못한 부정적인 생각이 끌고 온 결과라고 밖에 할 수 없다. 이것이 우리를 옥죄고 있는 것들의 결박을 풀고 최악의 상황에서도 긍정을 찾아야 하는 이유다.

삶의 여정에는 우리가 통제하기 어려운 영역들이 있다. 그중 하나는 바로 타인의 마음이다. 자신의 마음을 통제하는 것도 쉬운 일이 아닌데 하물며 다른 사람의 마음을 통제한다는 것 자체가 어불성설일 것이다. 더구나 사회적 관계에서 영향력을 끼칠 수 없는 위치일 때 타인의 마음을 얻기란 더더욱 힘들다. 인성이 좋고 나쁨을 떠나 자신의 이익을 먼저 추구하는 것은 인간의 본능이며 이는 생존과 연결되기 때문이다. 당신이 그들에게 이익을 줄 수 있을 만큼의 조건이나 위치에 있다면 많은 힘을 들이지 않아도 그들은 당신에게 따라붙을 것이다. 이래도 되나 싶을 정도로 당신에게 시간과 물질과 에너지를 희생할 것이다. 이와 반대로 도움은커녕 피해를 받을 수 있다고 느낀다면 분명 그들의 태도는 달라질 것이다. 만약 당신이 최악의 상황을 겪고 있음에도 불구하고 주변 사람들이 관심을 주지 않거나 하다못해 가족마저도 무시한다면 당신은 과연 어떤 심정일까? 설상가상으로 당신의 고통이나 위기 상황을 알릴 수 있는 소통창구마저 없다면 어떨까? 상상만으로도 숨이 막히지 않는가? 마치 자신이 길바닥에 나뒹구는 쓰레기처럼 무가치한 존재로 몰락해버린 느낌일 것이다. 그러나 이런 경험은 그리 특별한 것이 아니다. 인간관계에서 한 번쯤은 있을 법한 일이다. 여기서 나의 이야기를 좀 하겠다. 나 역시 지금까지 믿고 의지하던 사람들로부터 비슷한 경험을 했던 적이 있다. 처음엔 남의 이야기처럼 믿어지지 않아 현실감이 없었다. 그러나 어느새 나에게 보여 주었던 그동안의 모습이 진심이 아닐 수도 있겠다는 생각이 들었고 그 순간, 방 안 가득 널부러진 옷가지들과 물건들처럼 마음과 머릿속이 온통 뒤죽박죽 난장판이 되어버렸다. 지금까지 내 앞에서 했던 말과 행동들이 다른 사람을 통해 들려오는 것과는 완전히 달랐으니 미치고 팔짝 뛸 노릇이었다. 친밀하다고 느꼈던 관계가 고작 나만의 생각이었을까 고민하게 되었다. 이후 나를 생각해서라는 그들의 말은 오히려 아물지 않은 시뻘건 상처에 소금을 뿌려대는 격이었다. 결국 나는 그들을 회피하며 관계를 꺼리게 되었다. 내가 지금 철없는 어린아이처럼 나 어려운데 사람들이 도와주지 않았다고 징징대며 투정이나 부리고 원망이나 하려는 것이 아니다. 게다가 나는 도와달라는 말을 쉽게 꺼내거나 도움을 당연시하는 사람도 아니다. 도움을 요청하는 것도 용기라는데 유난히 그런 용기도 없는 사람이다. 주변에선 언제든지 도와주겠다며 필요할 때 이야기하라고 하는데도 불구하고 나는 쉽게 도움을 청하지 못한다. 괜히 남에게 폐를 끼치고 싶지 않은 마음이 강해서다. 나는 그저 내 삶에 책임감이 강하고 자신에게 엄격한 사람일 뿐이다. 이런 내가 만약에라도 누군가에게 도움을 청했다면 이미 내 한계를 벗어난 절박한 상황이거나 서로에게 도움이 될 좋은 기회라는 의미일 것이다. 때때로 "도대체 이 지경이 될 때까지 어떻게 참고 버텼냐. 제발 어려우면 혼자 끙끙 앓지 말고 말을 해 줘!"라는 말을 듣곤 한다. 세상 혼자 사는 것 아니니 모든 일을 혼자 해결하려고 고군분투하지 말라는 말이다. 결국 이런 나의 패턴은 호미로 막을 수 있는 일을 가래로 막는 일이 되기도 한다.

나는 극한의 고통 속에서 스스로 상황판단을 제대로 하고 있는지 조언을 구한 적이 있다. 감정을 담당하는 편도체가 미쳐 날뛸 때는 이성적인 사고나 판단을 담당하는 전두엽이나 전전두엽이 얼어붙어 제대로 작동하지 못한다는 것을 알았기 때문이다. '열 받으면 뚜껑이 열린다'라는 말도 있지 않은가? 딱 맞는 비유다. 그래서 극도로 부정적인 감정에 깊이 함몰되어 있을 땐 중요한 판단이나 결정을 하지 말라는 이유가 여기에 있다. 이때 이성적 판단을 도와줄 그 누군가가 옆에 필요한 이유이기도 하다. 그랬다. 내가 지금까지 어떻게 살아왔는지 잘 아는 사람들이었기에 더 큰 실망감으로 하늘이 무너졌고 그 고통의 송곳은 신뢰의 가슴을 깊이 후벼 팠다. 한 달 동안 극심한 두통과 수면장애로 내 몸은 만신창이가 되었다. 누군가는 말한다. "좋은 의도로 그렇게 한 것이라 생각해 버리면 자신에게 편할 것"이라고. 지금 같으면 그럴 수도 있겠다는 생각이 든다. 극한의 고통이나 스트레스 상황 속에서는 타인의 좋은 의도가 충분히 왜곡될 수 있기 때문이다. 그 당시 나는 그들의 말과 행동을 보며 과연 나를 진심으로 위한다는 것은 그들에게 어떤 의미일까? 어떤 기준인 걸까? 정말 그들은 나를 생각하는 것이라 여기고 말하고 행동하는 것일까? 를 몇 번이고 되풀이해서 생각했다. 그러다 지금까지의 관계가 피상적으로 느껴지며 '결국 나 혼자밖에 없구나!'라는 생각에 울기도 했다.

어차피 '인간'이라는 존재는 기본적으로 혼자 일어서고 성장하고 개척하며 자신의 인생을 살아가는 존재다. 각자의 인생은 각자 설계한 대로 살아가게 된다. 다른 사람의 인생에 함부로 끼어들어 고유한 그 사람만의 인생 설계도를 바꾼다거나 대신 살아 줄 수는 없는 노릇이다. 만약 그렇게 된다면 그것은 진정한 자기 삶을 사는 것이 아니지 않겠나! 각자 개인의 인생을 살아가는 여정에서 부딪히게 되는 어려움과 역경을 잘 딛고 일어서기 위해서 좋은 지지체계가 필요한 건 맞다. 건강한 지지체계 말이다. 위기 상황에서 벗어나고 고통을 이겨내며 역경에서 벗어나 스스로 살아갈 수 있도록 힘이 되어 주는 인간관계. 그러나 건강하고 안전한 지지체계가 없다고 해도 사람에게 너무 연연해하지 말자. 이것이 내가 관계의 아픔을 통해 얻은 한가지다. 가족이든 친구든 지인이든 모든 관계에서는 명확하고 안전한 경계를 세워야 한다. 경계가 희미하거나 무너지거나 융합된 관계는 건강하지 못하기 때문이다. 오래된 관계라고 해서 상대의 고유한 영역까지 침범할 권리는 없으며 허락해서도 안 된다. 관계가 큰 상처를 입는다. 극한의 힘든 일을 겪고 난 후 나는 그들과의 관계가 건강하지 못하다는 것을 깨닫게 되었다. 마치 내가 그들이고 그들이 나인 것처럼 생각하고 행동했다는 것을 알아차린 것이다. 그들은 나를 위한다는 이유로 내 고유한 영역까지 거침없이 침범했다. 사실 결과적으론 내가 허락한 것이나 다름없었다. 그것을 깨닫게 된 나는 우선 그들과 거리를 두는 동시에 안전한 경계를 세우기로 결심했다. 시간이 지날수록 마음이 한결 편안해지고 자유로운 느낌이 들었다. 그리고 '좋은 관계'를 유지하려 애쓰지 않기로 했다. 관계로 아팠던 나에게는 시기적으로 꼭 필요했던 기가 막힌 방법이었다. 친밀하다는 것은 좋은 것이다. 그러나 그 안에 건강한 경계, 각자의 고유한 영역을 보호할 수 있는 서로의 경계가 세워져 있을 때만 해당된다. 그 뒤로 나는 내 아이들과도 건강하고 안전한 경계를 세워나갔다. 나도 아이들도 서로에게 있어 꼭 지켜져야 하는 영역, 그 고유하고 특별한 영역을 함부로 침범하지 않기 위해서였다. 내 존재가 사라진 융합된 관계는 그 자체로도 병리적이라는 것을 기억해야 한다.

    사람에게 너무 집착하지 마라. 떠나갈 사람은 어떻게든지 이유를 만들어서라도 떠나게 마련이고 곁에 남을 사람은 등을 떠밀어도 남게 되니까. 간단하다. 당신이 겪는 역경과 고통이 당신의 인간관계의 참과 거짓의 정체를 가려줄 것이다. 당신이 극한의 고통으로 힘들어 할 때 누가 당신 옆에 있었는지 기억하면 된다. 힘들 때 떠나지 않고 옆에서 지켜 준 사람이 당신에겐 진짜다. 또, 불편하고 아프게 했던 사람마저도 결국엔 나와 당신을 더 성숙한 사람으로 성장시키는데 기여한 부분이 있다는 것도 기억하라! 명확한 근거가 있고 도움을 주려는 진심에서 나온 충고나 비판이라면 고맙게 넙죽 받아라! 그리고 성공하라! 그것이 당신이 세운 기준에서의 성공이든 세상이 말하는 성공이든 상관없다. 선한 영향력의 사람으로 유명해져라! 그러면 당신이 힘들 때 떠났던 사람들이 자연스레 당신을 어떻게 만났으며, 얼마나 가까운 친분을 가진 관계인지 자랑하게 될 것이다. 그러니 당신이 힘들고 어려울 때 떠나는 사람에게 연연하지 마라. 원망하지도 마라. 그들은 단지 자신들에게 도움을 주는 사람을 찾아다니는 철새와도 같은 존재일 뿐이다. 차라리 곁에 없는 것이 오히려 당신에게 도움이 된다. 최악의 상황일 때, 마치 순금이 모래 안에서 걸러지듯 인간관계도 걸러진다. 당신이 어떤 환경에 처해 있든 끝까지 함께하는 사람을 보라. 너무 힘들어하지 마라. 사람에게 잘 보이려고 애쓰지도 마라. 애쓰지 않아도 우리의 가치를 알아보는 사람은 분명히 있다. 그 사람은 당신을 당신답게 하는 힘을 가지고 있다. 만나면 만날수록 당신의 자존감이 높아진다는 것을 알게 될 것이다. 당신이 애쓰지 않아도, 억지로 새로운 당신을 만들지 않아도 되는 편안함을 줄 것이다. 그러니 애쓰지 마라! 최악의 관계 속에서도 긍정은 반드시 있다. 나는 그 안에서 나를 보호하고 그들도 보호하는 건강한 경계 세우기 방법을 기억해 냈고 적용했다. 그리고 '나'라는 사람이 어떤 유형의 사람들을 끌어들일 수 있는지도 공부하는 계기가 되었다. 이제는 나에게 해가 되는 사람을 끌어당기지 않도록 긍정을 선택하므로 나의 여정을 바꾸어 갈 것이다. 결국 모든 관계의 열쇠는 나에게 있었다. 이것이 바로 내가 경험한 관계의 아픔 속에서 찾아낸 긍정이다.

역경은 반드시 지나간다

 우리는 알고 있다. 미치도록 행복한 순간도 죽을 것 같은 고통의 순간도 모두 지나간다는 것을!

 이스라엘의 다윗왕이 반지에 새긴 '이 또한 지나가리라'는 글귀처럼 모든 상황은 지나간다. 그러니 거침없이 승승장구하는 상황에서 교만하게 으스댈 것도 없으며 절망 중에 낙심하거나 좌절할 필요도 없다. 곰곰이 생각해 보면, 당신도 나도 어려운 상황들을 꿋꿋이 견디며 지금껏 잘 살아왔다는 생각이 든다. 온몸이 타들어 가는 듯한 고통이기도 했고, 숨통을 조이는 고된 역경이기도 했지만, 결국 그것들은 나와 당신을 까맣게 태우지도, 죽이지도 못했다. 오히려 우리는 더 의연해지고 깊어졌다. 내 어릴 적 기억에 부모님은 이런저런 조

그만 개인사업을 하셨다. 그렇다고 해서 우리 집 형편이 그리 넉넉한 편은 아니었던 것 같다. 어린 내가 그 자세한 내막까지는 알 수 없었으나 지금까지 뚜렷이 기억나는 것은 항상 혼자서 먹을 것을 찾아 헤매던 배고픈 내 모습이었다. 8살이었던 나는 학교에 다녀와서 매번 먹을 것을 찾아 다락방에 올라갔다. 그곳엔 큰 소주병에 담긴 꿀이 있었는데 대략 4분의 1 정도가 남아 있었다. 그것을 몰래몰래 먹는 재미가 의외로 쏠쏠해서 자주 올라가곤 했다. 또 다락방이 주는 조용하고 아늑한 분위기를 좋아해 내가 만든 상상의 세계에서 한참을 놀다 내려왔던 기억이 난다. 꿀을 먹고 내려오면 따뜻한 방바닥에 누웠다. 그럴 때마다 내 몸 전체가 방바닥을 뚫고 깊숙한 곳으로 쑤욱 빨려들어 가는 느낌이 들었다. 마치 블랙홀로 급속하게 빨려들어 가 산산히 부서지는 별처럼 말이다. 다시는 느끼고 싶지 않을 만큼 공포스러웠고 불쾌한 느낌이었다. 자려고 눈을 감는 순간엔 빠른 속도로 내 몸이 빙글빙글 돌았다. 깜짝 놀라서 눈을 뜨면 위 천장이 정신없이 돌고 있었다. 너무 어지러웠다. 한번 누우면 방바닥과 내 몸을 강력한 자석으로 붙여놓은 것처럼 떨어지지 않았고 애써 몸을 일으키려 해도 꼼짝하지 않았다. 무서워서 소리치고 싶었다. 그러나 목소리는 목에 걸려 나오지 않았고 그 답답함을 알아줄 사람은 아무도 없었다. 그렇게 나는 혼자 잠이 들곤 했다. 어느 날은 차가웠던 꿀을 숟가락에 살짝 부어 조심조심 계단을 내려와 따뜻한 방바닥에 올려놓기도 했다. 차가워 먹기 힘들었던 꿀이 따뜻한 방바닥의 온기로 데워질 거라는 생각에서였다. 시간이 지나자 투명했던 꿀이 천천히 우유빛깔로 불투명해졌다. 신기했다. 나는 그것을 손가락으로 살짝살짝 눌러보다 단숨에 빨아 먹었다. 그리고는 쓰러지듯 방바닥에 누웠다. 힘이 없었다. 눈을 감으니 역시나 내 몸이 빙글빙글 큰 원을 그리며 돌다 방바닥을 뚫고 저 아래로 끝도 없이 추락했다. 그때 느꼈던 공포감은 40년의 세월이 흐른 지금도 내 몸의 세포 하나하나에 생생하게 박혀 있다. 아무래도 그 당시 잘 먹지 못해 생긴 빈혈이었던 모양이다. 며칠이 지나고 그렇게 야금야금 몰래 먹었던 꿀은 슬프게도 바닥을 보이고 말았다. 나는 다른 먹거리를 찾아야 했다. 부엌으로 갔다. 부엌은 항상 깔끔한 성격의 엄마를 닮아있었다. 배가 고팠던 나는 여기저기 뒤지다 찬장 속에 하얀 봉지를 발견했다. 반가웠다. 설탕을 물에 타 먹어야겠다는 생각에 작은 가슴이 콩닥콩닥했다. 나는 유리컵에 물을 담고 그 하얀 가루를 두 숟가락 수북이 떠서 넣었다. 잘 녹으라고 한참을 숟가락으로 저었다. 설탕의 작은 알갱이들은 내가 젓는 물의 방향에 따라 신나게 돌고 있었다. 드디어 하얀 알갱이들이 다 녹아서 없어졌다. 나는 투명해진 설탕물을 시원하게 들이켰다. 꿀꺽꿀꺽 정신없이 마시던 그때였다. 갑자기 배속에서부터 목구멍까지 올라오는 매스꺼움에 먹었던 것을 왈칵 쏟아버렸다. "웩! 웩!" 나는 정신없이 토하기 시작했다. 온몸을 비틀고 쥐어짜며 토해내고 있었다.

얼굴은 벌겋게 달아오르고 눈물 콧물로 범벅이 되었다. 알고 보니 내가 마셨던 것은 설탕물이 아닌 조미료를 녹인 물이었다. 설탕과 조미료를 구분하지 못해서 생긴 일이었다. 그때 얼마나 매슥거렸는지 지금도 속이 울렁거린다. 가끔씩 엄마가 고소하고 달콤한 계란빵을 만들어 주기도 했으나 일상의 내 허기를 채우기엔 역부족이었던 모양이다. 그때는 먹을 것이 왜 그렇게 없었는지 모르겠다. 어린 나에게 배고픔을 이겨내야 하는 것은 너무 큰 고통이었다. 이제는 이것도 웃으며 추억할 수 있는 과거가 되었지만 말이다. 내 배고팠던 어린 시절은 이미 지나갔다. 모두 지나갔다. 매일 먹을 것을 찾아서 이리저리 헤매던 '배고픈 어린 시절'도, 어린 나의 마음에 '분노'라는 씨앗을 심어 주었던 부모님의 이혼도, 그 안에서 나를 버티게 해 주었던 할머니와의 갑작스러운 이별의 아픔도 모두 다 지나갔다. 생명의 한계를 체험하며 인생을 더 깊이 생각할 수 있도록 기회를 주었던 '위암'이라는 병도, 밝고 쾌활했던 나를 죽음으로 내어 몰았던 '우울증'도, 다른 세상의 사람이 된 것처럼 현실에서 나를 분리했던 '이인 현상'도, 숨통을 조이는 듯 강렬하게 나를 흔들었던 공포의 '공황발작'도, 잔뜩 물을 먹은 솜처럼 아무 움직임도 허락되지 않았던 '무기력'도 모두 지나갔다. 그렇다! 모두 지나갔다. 그것들이 나와 평생 함께하면서 영혼까지 흔들어 놓을 것 같았는데 어느새 다 지나가고 없다. 어차피 지나가는 고통과 역경이었다. 그러니 굳이 메여서 아파할 필요도 없었다. 많은 시간 그것들을 붙잡고 놓아주지 않았던 건 바로 '나'였다. 혹시 당신도 과거의 아픔이나 고통을 애써 붙잡고 있지는 않은가? 원망과 분노로 붙잡은 과거와 매번 대면하며 시간마다 곱씹고 있지는 않은가? 흘려보내라. 보내주자. 지나가도록 허락하자. 미련 없이 가도록 보내주자. 붙잡지 마라. 아파하지도 마라. 이제는 우리에게 주어진 소중한 오늘을 진짜로 살아봐야 하지 않겠나! 과거를 미련 없이 보낼 때에야 비로소 우리 속에 잠자던 파랑새가 기지개를 켠다는 사실을 깨닫게 될 것이다.

제2장

편견을 제압하는 힘
'당당함'을 장착하라!

부모님의 이혼이 고마워지는 순간
세상 편견에 당당해졌다

'꿀리거나 거리낌이 없이 버젓하다'

 신기하게도 문장 한 줄 읽었을 뿐인데, 그 안에서 느껴지는 에너지가 힘차다. 바로 '당당함'을 나타내는 문장이다. 누구든 한 번쯤은 자신감 있고 당당한 자신의 모습을 상상해 보곤 할 것이다. 소심하고 내성적이어서 말하는 것조차 용기가 필요한 사람이라면 더더욱 그럴 것이다.

 "뭐야? 당당해지려고 용기까지 내야 해? 그냥 있는 그대로 자신을 표현하면 되는 거 아니야? 어렵게 생각할 필요 없어! 사람들 다 똑같아! 뭐, 그리 대단할 것도 없어! 대부분 거기서 거기라고!"

 그러나 누군가에겐 자연스러운 그 '당당함'이 '이혼가정의 자녀'라

불리는 우리에겐 다르게 작동된다. '한쪽 부모로부터 버려진 존재'라는 사회적 평판 속에서 우리는 얼마나 당당해질 수 있을까? 그 불편한 시선을 뚫고 얼마나 자신의 존재를 떳떳하게 드러낼 수 있을까? '당당함'은커녕 드러나는 것 자체가 불편해 의도적으로 숨어버리진 않는지! 부모님의 이혼이 결코 자랑거리는 아니다. 그러니 자신이 이혼가정의 자녀라고 동네방네 떠들어 댈 일도 아니다. 우연이라도 사람들 입에서 부모님에 관한 얘기라도 나올라치면 자리를 피하거나 조용히 찌그러져 숨고 싶은 마음이 생기는 건 어쩌면 당연하다.

좋다! 그렇다면 이건 어떤가? 우리가 이혼가정 출신이라는 사실을 자랑삼아 떠들어 댈 일은 아니지만, 그렇다고 해서 애써 숨길 일도 아니라는 생각을 당신은 해 본 적이 있는가? 아니! 뭐, 큰 범죄나 죽을죄를 저지른 것도 아닌데 정색하며 피해야 할 이유는 없지 않나 하는 생각은 어떠한가? 혹시 지금 이런 말들이 당신의 심기를 불편하게 만드는가? 물론, 나는 당신의 아픈 상처를 건드릴 맘은 없다. 그저 같은 경험을 한 나로서 당신을 이해하며 공감하고 싶을 뿐이다.

우리는 비록 가슴이 아플지언정 가공되지 않은 날 것의 질문들을 삶의 여정에서 매 순간 던지며 살아야 한다. 어떻게 사는 것이 잘사는 것인지, 얼마나 자신감 있고 당당하게 세상을 살아가고 있는지, 얼마큼 기죽지 않은 나다움으로 사람들을 만나고 있는지 묻고 고민해야 한다. 똑같은 문제 상황 속에서도 이혼가정의 자녀와 비이혼 가정의 자녀를 바라보는 시선이 다르다는 것쯤은 굳이 말하지 않아도 우리는 잘 안다. 이 또한 편견이지 않냐고? 피해의식에 찌든 개인적인 생각이 아니냐고? 글쎄다. 내가 편견이나 피해의식에 사로잡혀서 하는 이야기가 아니라는 것쯤은 당신도 알 것이다. 엄연히 이혼가정 자녀들이 겪고 있는 현실이며 실제로 이러한 사례들은 얼마든지 찾아볼 수 있다. 단지, 겉으로 잘 드러나지 않을 뿐이다. 아니, 겉으로 드러낼 힘이 없어서 그렇다는 말이 더 맞을지도 모르겠다. 부당하며 억울한 문제를 사회적으로 크게 이슈화해서 개선의 여지로 끌어낼 만큼의 힘을 갖지 못한 사회적으로 취약한 위치에 있기 때문이지 않겠나! 그렇기에 낼 수 있는 목소리가 다른 영역에 비해 작고 한정적일 수밖에 없다. 혹시 당신은 이런 말을 들어 본 적이 있는가? 아니면 주변에서 비슷한 말이라도 들어 본 적이 있는가?

"아빠가 없으니 애가 저 모양이지." "걔네 부모가 이혼한 뒤로 애 얼굴이 어두워!" "기가 늘 죽어있어." "매번 문제를 일으켜." "저런 환경에서는 애가 공부를 못할 수밖에 없지." "엄마 없이 자라서 그래!" "세상에! 걔네 엄마가 어린 애들을 버리고 도망갔대!" "부모가 이혼했다는데 돌봐줄 어른이 없으니 매일 저렇게 돌아다니면서 애먼 애들이나 괴롭히지!" "쯧쯧쯧, 불쌍하지! 한참 엄마 손길이 필요할 나인데." "할머니 손에서 자라는데 오죽하겠어. 아무래도 젊은 엄마들 같지는 않지!"

우리는 편견 어린 다양한 시선과 부정적인 반응들로부터 자유롭고 당당한 태도를 갖는다는 것이 얼마나 힘든 일인지 안다. 쉽지 않다. 더구나 부모의 이혼이라는 충격적인 사건을 경험했던 나이가 어릴수록 압도되었던 부정적인 감정을 성숙하게 잘 처리한다는 것은 불가능하기 때문이다. 그러니 자신에게 쏟아지는 부당한 시선이나 거대한 편견을 상대로 대차게 싸울 수 있는 힘이 있을 리 만무하다.

나는 부모님의 이혼을 경험하고 한동안 많이 힘들었다. 엄마가 보고 싶었고 그리웠다. 오래된 물건들이 쌓여있는 방으로 몰래 들어가 옛 추억이 담긴 사진들을 보며 소리 없이 울었다. 내가 엄마를 필요로 할 때 엄마는 내 곁에 없었다. 마음의 준비도 못 한 채 엄마와 떨어진 그 어린 마음이야 오죽했겠는가! 어린 나는 엄마와 헤어지고 그렇게 1년 정도가 지났을 무렵부터 새롭게 주어진 환경에 적응하면서 지낼 수 있었다. 내 옆에는 '우리 손녀가 최고다'라고 말하는 할머니가 항상 계셨고 나를 챙겨주는 단짝 친구들이 있었고 나를 예뻐해 주는 선생님들이 계셨기에 더 빨리 안정을 되찾을 수 있었다. 그러나 사춘기 때 불쑥불쑥 튀어나오는 부모님에 대한 깊은 원망은 나를 세상에서 가장 불쌍한 피해자로 만들고 있었다. 말 그대로 부모의 이혼으로 인해 피해를 가장 많이 본 세상 어디에도 없는 불쌍하고 힘없는 존재로 말이다. 나는 그렇게 성인이 되었다. 시간이 흘러 이혼가정의 아이들을 돕기 위한 전문가가 되겠다는 꿈과 함께 심리상담을 공부했고 석사논문 준비를 위해 자료를 뒤적이던 어느 날이었다. 논문 하나를 읽다가 어이없게도 내가 부모님의 이혼으로 인한 피해자가 아닐 수도 있겠다는 생각을 문득 하게 되었다. 피해자는커녕 오히려 수혜자일 수도 있겠다는 생각 말이다. 결과적으로 부모님의 이혼은 내게 건강하게 성장할 수 있는 새로운 기회를 제공한 셈이었다. 당신은 지금 내 말이 미친 소리로 들릴 것이다. 말 같지도 않은 억지스러움으로 느껴질 수도 있겠다. 하지만 나는 전혀 다른 관점에서 부모님의 이혼이 낳은 수혜자였다. 더 기가 막히는 건 세월이 흘러 내가 부모의 나이대를 경험하고 부모를 부모가 아닌 한 사람의 존재로 바라볼수록 그것에 대한 확신은 더 뚜렷해졌다는 것이다.

당신도 알다시피 행복해서 이혼하는 부부는 이 세상에 없다. 지지고 볶고 싸우고, 죽네 사네 하며 최악으로 치달아 서로의 밑바닥까지 확인하게 되면서 도저히 함께 살 수 없다고 결론을 내리는 것이 대부분의 이혼이다. 그것이 정서적 이혼이든 법적 이혼이든 말이다. 이렇게 위협적이고 불안한 최악의 상황을 맞닥뜨려야 하는 어린 자녀들을 생각해 보았는가? 그것이 매일같이 벌어지는 일이라면 어떠할 것 같은가? 생각만으로도 끔찍하지 않은가? 이제는 내 말이 미친 소리가 아니고 억지가 아니라는 것을 당신은 이해할 수 있을 것이다.

이 세상의 모든 것에는 양면성이 존재한다. 좋고 나쁨이 공존한다는 의미다. 병을 치료하기 위한 치료제마저도 부작용이 있지 않은

가! 세상에는 100% 완벽하게 좋은 것도 완벽하게 나쁜 것도 없다. 단지 모든 결과는 우리가 초점을 어디에 맞추느냐에 달려있을 뿐이다. 이것을 근거로 생각한다면 당신은 내가 하는 말을 이해할 수 있을 것이다.

세상은 어린 나에게 부모님의 이혼이 가진 나쁜 면만 확대해서 보여 주었다. 동전의 양면처럼 반대 측면이 분명 공존했음에도 불구하고 마치 처음부터 없었던 것처럼 보여 주지 않았다. 나는 이것을 깨닫는 순간 지금껏 나를 피해자로만 주눅 들게 했던 것에서 과감히 탈피하기로 했다. 이번에는 세상이 던져 준 선택이 아닌 내 의지로 한 나의 선택이었다. 내가 이혼의 양면성을 알게 되니 지금껏 원망해왔던 부모님이 이해되더라. 부모도 그때는 그것이 최선이었고 한계였다는 것이 이해되더라. 오히려 미성숙한 존재로서의 측은함이 느껴졌고, 그 사이 이해의 틈을 타 용서가 조금씩 신호를 보내기 시작했다.

시간이 흘러 지금의 나는 부모님의 이혼이 고맙다. 오랜 세월 분노로 경직되어 있었던 마음이 한결 부드러워지고, 머릿속은 시원하고 상쾌한 에너지로 채워졌다. 나는 더 이상 부모님의 이혼 이야기에 난처해하지도, 존재감 없이 찌그러져 있지도, 과하게 휘둘리지도 않는다. 딱히 창피해 할 것도 자랑할 것도 없이 그냥 있는 그대로 인정할 뿐이다. 이것이 바로 내가 말하고 싶은 편견을 제압하는 힘이다. 부모님의 이혼이 가진 양면성을 이해하고 이미 되돌릴 수 없는 상황에서 긍정을 선택하며, 그것이 사실임을 인정하면서 생긴 당당한 태도는 나를 편견 뒤에 숨지 않고 세상을 향해 그 모습을 드러내도록 용기를 주었다. 외부로부터 들어오는 불편한 시선 따윈 더 이상 나를 공격할 수 있는 요소가 아니었다. 고통을 말하는 순간 치유가 시작되는 것처럼 자신의 결점을 스스로 드러내는 순간 그것은 이미 결점으로서의 힘을 잃기 때문이다. 내가 언제부터 소심하고 겁이 많아졌는지는 정확히 알 수 없다. 그러나 더 높은 가치를 위해 당당히 모습을 드러내기 시작했다는 것이 대견하고 놀라울 뿐이다.

나는 한부모가족에 대한 사회적 인식이나 정책 개선을 위한 움직임에 좀 더 관심을 가지게 되었다. 그러면서 한부모가족의 보호와 성장을 위한 정책을 약속한 대선 후보를 팔로워하고 SNS 계정에 글을 남기기도 했다. 뭐, 비록 개미 똥구멍만 한 움직임이었지만 이혼가정에 대한 세상의 편견에 맞서고 보호와 성장에 대한 희망을 기대하는 나의 작지만 용기있는 실천이었다. 나는 지금 여기까지 왔고 이 책을 쓰고 있다. 당신도 부모님의 이혼이 가진 양면성을 들여다보라! 그리고 초점의 이동, 관점의 전환으로 당신의 삶에 긍정을 선택하고 좋은 에너지로 무장해 당당해져라! 그 당당함으로 세상 편견을 맘껏 제압하라! 우리가 당당해지지 못할 이유는 그 어디에도 없지 않은가!

사람은 통합적인 존재다

"영순아~!"

"예~할머니!"

할머니는 무언가 생각이 많으신 듯 평소와는 사뭇 다른 눈빛과 잔뜩 가라앉은 음성으로 나를 부르셨다. 할머니는 내가 옆에 앉자마자 기다렸다는 듯이 무겁게 입을 여셨다.

"영순아~우리 영순이 말이여~할머니 부탁 하나만 들어줄래?"

"응? 뭐요. 할머니? 뭔데요?"

처음 느껴보는 할머니의 낯선 모습에 내 어깨에는 힘이 잔뜩 들어갔다. 왠지, 내 느낌으로는 할머니에게 좋지 않은 일이 생긴 게 분명했다. 할머니는 내게 바짝 다가와 앉으시더니 내 두 손을 꽉 잡으셨다.

"있짜녀어~이? 나중에 우리 영순이가 크며는 어른이 되야서, 그때는 꼭~엄마를 찾았으면 조컸따. 그거시 할머니 오래된 생각이여. 그리고 또 그게 그렇게 항상 내 마음 한구석에 있어."

"예?"

내 귀를 의심했다. 나는 놀란 눈으로 진지한 할머니의 얼굴을 뚫어지게 바라보았다.

"니가 커서 나중에라도 꼬옥~엄마를 찾었으면 좋겠따! 엄마가 아직 혼자라는 이야기가 있으니까는 꼭 좀 찾아봐. 이? 아빠 승격 맞출 사람은 엄마밖에 읍써어! 엄마가 그 어릴쩍이 아빠한테 시집와서는 어려운 살림에 알뜰하게 니들 셋이나 키우면서 살았어! 까다로운 아빠 비위 다 맞춰가며 사느라 애먹었지! 고생 많이 혔어! 엄마는 그렇게 나쁜 사람이 아니여! 그거슨 내가 알어! 그러니까는 니가 엄마 꼭 찾어. 이? 내가 우리 영순이한티 꼭 부탁하는 거여. 할머니 죽거들랑 엄마 찾아서 그렇게 그렇게 행복하게들 잘 살어! 우리 영순이가 그렇게 해주며는 시상이나 나는 소원이 업껐따. 참말로!"

할머니는 그동안 마음속 깊이 묵혀둔 생각을 작정한 듯 꺼내놓으셨다. 그 안에는 아들 부부가 예전 가족의 모습으로 돌아가길 바라는 할머니의 간절한 바람과 손녀들을 놔두고 언제 죽을지 모르는 자신의 마지막을 준비하는 슬픈 여정이 들어있었다. 할머니가 돌아가신

이후 알게 된 사실이지만, 틈틈이 옆집 아주머니에게도 나와 동생들을 부탁하셨다고 한다.

"내가 죽거들랑 우리 애들 좀 잘 봐줘요. 이?"

"……"

나는 갑작스러운 할머니 말씀에 그대로 얼어버렸다. 어떤 대답도 그 어떠한 표현도 할 수 없었다. 미세한 머리 끄덕임조차도…….

'엄마는 그렇게 나쁜 사람이 아니여! 그거슨 내가 알어!'

할머니의 이 한마디는 밑바닥에 깔려있던 내 마음의 오래된 분노와 강렬하게 부딪쳤다. 많은 시간 켜켜이 쌓아왔던 엄마에 대한 미움과 원망이었다. 혼란스러움은 강력한 토네이도처럼 빠르고 강하게 나의 전체를 휘젓고 있었다. 시간이 필요했다. 내 생각과 마음을 정리할 혼자만의 시간이 필요했다. 그냥 대답하고 싶지 않았다. 아니! 대답할 수가 없었다.

"영순아! 엄마 꼭 찾아라. 이?"

할머니가 자리를 뜨신 후, 나는 입술을 꾹 다문 채 모든 것이 멈춘 듯 멍한 표정으로 앉아있었다. 시간의 흐름조차도 느낄 수 없었다. 얼마나 지났을까! 잔뜩 굳어진 입술 위로 툭! 한 방울의 눈물이 떨어졌다. 나는 울고 싶지 않았다. 절대 울고 싶지 않았다. 눈물이 나는 이런 상황이, 그깟 눈물 하나 통제하지 못하는 내 모습이 빌어먹을! 자존심이 상해 화가 났다. 내가 왜! 눈물을 흘려야 하는데? 내가 왜! 그 사람 때문에 이런 꼴이 되어야 하는데? 왜!!!

　나는 울고 있는 내 모습이 미치도록 싫었다. 의미도 알 수 없는 전혀 달갑지 않은 눈물을 할머니 몰래 닦아 없애고만 싶었으나 야속하게도 손은 움직여지지 않았다. 나는 그렇게 꾹꾹 소리를 눌러가며 한참 동안 뜨거운 눈물을 쏟아냈다. 어쩌면 내가 가장 듣고 싶었던 말이었는지 모르겠다. 누군가는 꼭 말해 주길 간절히 바랐던 그런 말이었을지도 모른다. 그런 이유로 엄마가 나쁜 사람이 아니라는 한 마디에 마음의 울림이 컸던 모양이다.

　나는 부모님의 이혼과 함께 아빠 쪽에서 양육되었다. 엄마와의 갈등이 미처 해결되지 않았던 그 당시의 아빠로부터 엄마의 부정적인 이야기를 듣게 되는 것은 어쩌면 당연한 일이었을지도 모른다. 모든 말의 결론은 그냥 엄마가 문제고 나쁜 사람이라는 것이었다.

　그렇다! '부모따돌림'이다. 부모따돌림이란 이혼한 부부 중 양육권자인 한쪽 부모가 자녀에게 다른 한쪽 부모의 부정적인 면을 이야기해 나쁜 사람으로 인식하게 하며, 만나기를 거부하거나 피하도록 조종하는 것을 말한다. 아빠는 이것이 나에게 얼마나 큰 상처를 주는지 알지 못했다. 아빠에게서 쏟아지는 엄마에 대한 부정적인 말들은 분명히 내가 듣고 싶었던 것은 아니다. 그런 말을 들을 때마다 나는 복잡한 감정에 혼란스러웠고 어린 내가 견디고 감당하기엔 너무 벅찬 무게감이었다. 이후로 나는 서서히 엄마에게서 배신감을 느끼기 시작했고 미워졌고 화가 나기 시작했다. 그것들이 차곡차곡 마음속에 쌓이면서 희미하게라도 연결되어 있었던 엄마와의 정서적 연결감마저 단절되었다. 그렇게 나에게도 엄마는 문제고 나쁜 사람이 되어 버렸다. 나는 엄마 없이도 잘 지냈다. 그리움에 눈물범벅이 되는 날도 점점 줄어들어 어느새 나름대로 일상에 잘 적응하며 살아가고 있었다. 마치 거센 폭풍우가 지난 뒤 잔잔하고 고요해진 바다처럼 말이다. 그러다 할머니의 말 한마디에 엄청난 혼란을 다시 경험했던 것이고 그 고통스러움은 지금까지도 생생하다.

부모가 이혼을 결정하고 헤어지는 과정에서 자녀를 누가 키울 것인지에 대한 선택은 피할 수 없다. 다행히 자녀가 자신의 의견이나 생각을 말할 수 있을 정도의 나이면 자녀의 의사도 충분히 반영되어 큰 문제가 없는 한, 자신이 원하는 부모를 선택할 수 있다. 자녀의 원활한 양육을 위해 되도록 자녀를 양육하게 되는 한쪽 부모에게 친권과 양육권 모두를 가져갈 수 있도록 권장되기도 한다. 친권이 없다고 해서 부모와 자식 간의 관계가 완전히 끊어지는 것이 아니기 때문에 수월한 양육을 위해 양육권을 가진 부모에게 친권까지 주는 추세다. 또 면접교섭권이라고 해서 자녀가 원한다면 헤어져 있는 부모가 보고 싶을 때 볼 수 있도록 하고 있으며 적어도 한 달에 두 번은 만날 수 있도록 법으로 정해 놓고 있다. 부부는 비록 헤어져 부부의 역할은 상실되었으나 자녀를 키워야 하는 공동 부모의 책임은 남아있다.

최대한 자녀의 안정적이고 건강한 성장을 위해 서로의 갈등을 최소화한다거나 없애는 것이 바람직하다.

 이것이 가능한가? 가능하다! 대부분 우리나라 정서상 아직은 받아들일 수 없을 것이라 말하겠지만, 내가 본 한 사례를 이야기 해 보겠다. 어느 날 나는 한 가족이 TV의 가족 노래자랑 프로그램에 참가한 것을 보았다. 다른 가족들과 별반 다르지 않은 부부를 중심으로 한 딸 둘의 4인 가족이었다. 노래하기에 앞서 엄마가 가족을 소개했고, 그 과정에서 나를 포함한 사회자 그리고 방청객들 모두가 동시에 놀라서 소리를 질렀던 일이었다. 아마도 그 가족을 본 사람들은 대부분 같은 마음이었지 않았을까 한다. 소개된 가족은 부부가 이미 이혼한 이혼가족이었다. 그럼에도 불구하고 자녀들을 잘 키우겠다는 마음으로 한 팀이 되어 자녀들과 추억을 만들기 위해 가족 노래자랑 TV 프로그램에 나온 것이었다. 정말 깜짝 놀랐다. 자녀를 위해 이혼한 부부가 저렇게까지 할 수 있다고? 더구나 한국에서 저렇게 할 수 있다고? 진심 대단한데! 이건 그야말로 살아있는 교과서잖아! 보고 있으면서도 믿어지지 않았고 말 그대로 신선한 충격이었다. 사회자는 믿어지지 않는다는 듯 재차 질문을 했으나 그들은 오히려 당당하게 말했다. 이혼은 했지만, 아이들을 잘 키우기 위해 서로 사이좋게 지내는 관계라고 말이다. '그래, 이거지! 바로 이거야!' 나는 보물을 찾은 듯 소리를 지르며 벅찬 기쁨에 펄쩍펄쩍 뛰었다. 두 딸이 부럽기까지 했다. 이혼을 드러내는 것 자체가 터부시되는 보수적이고 경직된 한국의 분위기에 완전히 반하는 파격적인 행보였다. 나는 그분들의 용기에 진심으로 응원의 박수를 보냈다. 만약 나를 위해 헤어진 부모가 사이좋은 관계를 만들고 새로운 추억들을 만들어줬다면 어땠을까? TV 화면 속 저 아이들처럼 나도 웃는 얼굴이었을까? 나는 내가 함께 살고 싶은 부모를 선택할 수 없었다. 게다가 헤어진 엄마 얘기를 꺼내는 것조차 암묵적으로 금기시되는 분위기에서 살았다. 사이가 좋아서 헤어지는 부부는 없다. 그렇기에 자연스레 이혼 과정에서도 많은 상처를 주고받는다. 그 상처가 회복되거나 갈등이 해결되지 않은 이상 자녀에게 헤어진 한쪽 부모의 부정적인 면을 이야기할 가능성은 높아진다. 이혼의 원인을 상대 탓으로 돌려 자신의 정당성을 입증하려 한다거나 합리화하고 착한 부모, 좋은 부모, 연약한 부모, 불쌍한 피해자가 된 부모로 보여지게 하므로 자녀를 자신의 편으로 만들기도 한다. 자녀는 그런 부모의 감정을 자신의 것으로 오롯이 가져오게 되며 함께 살지 않는 부모에 대한 미움, 분노, 적개심 등 부정적인 감정을 갖게 된다. 결국, 함께 살지 않는 부모를 거부하게 되는 것, 이것이 앞서 말한 '부모따돌림'이다.

'부모따돌림'은 자녀에게 또 다른 상처다. 좋지 않았던 부부관계와는 달리 자녀와의 관계는 문제가 없거나 오히려 좋았을 수도 있기 때문이다. 애정이 각별했던 자녀일수록 그 상처는 크고 깊을 수밖에 없다. 또 사람을 보는 관점에 있어 좋은 사람과 나쁜 사람으로만 나누는 이분법적인 사고를 할 가능성이 커지며 그로 인해 사람에 대한 통합적 사고가 힘들어질 수 있다. 때론, 한쪽 부모에게 적개심을 드러내는 방법으로 같은 편이라는 것을 어필하며 함께 사는 부모에게 충성을 맹세하는 슬픈 생존방식을 선택하기도 한다.

자녀는 좋든 싫든 부모의 외모를 포함해 성격이나 성향, 습관, 취향 하다못해 걸음걸이와 말투까지 닮게 된다. 부모는 밖에만 있지 않다. 우리 몸 세포 하나하나 구석구석에 현존하고 있다. 따라서 자녀 스스로 한쪽 부모를 미워한다는 것은 결국, 자신을 싫어하고 미워하는 것이나 다름없다. 이것이 심각해지는 경우 스스로 학대 하거나 공격하게 되는 일이 벌어지기도 한다. 부모는 이혼 후 자녀들이 안정적으로 자랄 수 있도록 자신들의 부정적인 감정이나 생각을 내려놓고 의기투합해야 한다. 되도록 좋은 관계를 유지해야 한다. 그래야 자녀가 다시 산다. 물론 말처럼 쉽지는 않을 것이다. 그러나 부모이기에 이를 악물고서라도 해야 한다. 그렇지 않으면 아마도 세상을 모조리 태워버릴 것 같은 거대한 원망과 미움, 분노의 괴물이 자녀들을 죄다 삼켜버릴지도 모른다. 반면 우리도 기억해야 할 것이 있다. 이 세상 어디에도 완벽한 인간이란 존재하지 않는다. 당연하다. 그러니 완벽한 부모도 없다. 좋은 면과 그렇지 않은 면, 그럭저럭 한 면을 동시에 가지고 있는 사람이 존재할 뿐이고, 아직 성숙하지 못한 부부가 있을 뿐이고, 서투른 부모가 있을 뿐이다. 이것을 깨닫는다면 부모의 이혼에 대한 당신의 마음이 조금은 편안해질 것이라 생각한다. 만약 헤어진 부모가 당신을 위해 어떤 방식으로든 끝까지 책임을 다하려 애쓰고 있다면, 사실 그것만으로도 당신의 관점을 조금 더 긍정적인 방향으로 바꿀 수 있지 않겠나! 비록 헤어진 부모지만 당신을 향한 관심과 사랑은 변하지 않았다는 확신만으로도 바닥으로 내려꽂혔던 자존감이 회복되는 것은 시간문제이지 않겠나! TV 프로그램에 나왔던 그 자녀들의 모습처럼 당당해지지 않겠나!

그렇다. 부모의 이혼이 결코 자랑거리는 아니다. 그러나 세상이 말하고 있는 것처럼 단순히 나쁜 것으로만 치부해 마치 죄인이 된 것처럼 숨거나 주눅이 들어 의기소침해 있을 필요는 없다. 인생은 선택의 연속이다. 부모가 결혼을 선택했던 것처럼 이혼도 그들의 선택일 뿐이다. 본의 아니게 그 선택의 자리에 끼어있을 수밖에 없었던 그 당시 우리는 선택의 여지가 없었다. 오랜 시간이 흐른 지금, 부모의 이혼 전과 후를 비교해 우리의 진짜 행복이 어느 쪽으로 더 많이 기울어져 있는지를 확인해 보는 건 어떠한가? 혹시 아는가? 당신도 나처럼 시간이 흐르면 흐를수록, 부모로서가 아닌 한 인간으로서의 경험을 더하면 더해갈수록 부모님의 이혼이 다행이라는 미친 생각이 들지 말이다. 이제부터 우리의 행복은 우리가 선택해야 할 몫이라는 건 분명해졌다.

헤어졌던 엄마와 나는 오래전에 만나 서로 왕래하며 지내고 있다. 지금의 나는 아빠 앞에서 엄마 이야기를 하는 것에 눈치 보지 않는다. 물론 엄마 앞에서도 아빠 이야기를 서슴없이 한다. 아빠도 딸에게 잘하는 엄마를 긍정적으로 보며 가끔 엄마의 좋은 점을 칭찬하기도 하고 외가의 자랑거리를 알려주기도 한다. 엄마도 나를 보면 아빠한테 잘해 드리라 한다. 하하하. 도대체 이건 뭔가? 싶기도 하고 그럴 땐 '왜, 이제서야?'라는 생각이 들기도 한다. 하늘에 계신 할머니도 당연히 기뻐하시지 않겠나!

"하이구~시상이나, 잘했다! 내 새끼, 잘혔네! 을마나 내가 바랬던 건디~고맙다. 고마워!"

나는 이제 사람에게서 긍정을 선택하고 그 안에서 감사를 찾는다. 바로 나를 위해서 그렇게 한다. 자! 어떠한가? 고민할 것 없다. 이젠 당신 차례다! 긍정으로 선택하자! 그래서 당신이 회복되고 행복해졌으면 좋겠다. 진심이다!

나는 지켜진 존재다

"할머니, 있잖아요. 음."

"이? 할 얘기가 있다냐? 무슨 말이라니?"

"그게요."

나는 한참을 머뭇거렸다. 그동안 꽁꽁 숨기고 마음속으로만 고민했던 것을 이야기하려니 선뜻 용기가 나지 않았다. 어떻게 말을 시작해야 할지 감도 오지 않았다.

"왜? 누가 너한티 뭐라고 했냐?"

"아... 아니... 아니요! 그게 아니라... 할머니... 있잖아요... 엄마 있잖아요. 엄마가요... 우리 버렸어요?"

머뭇거리다 결국 말해버렸다.

"이? 아니! 그게 무슨 소리라니? 무슨 말 같지도 않은 소리랴~참말로! 누가 그런 쓰잘떼기 없는 소리를 했다냐? 이? 누구냐 그게! 그런 소리를 하는 게!"

할머니는 화가 많이 나셨다.

"어, 그니까. 그게.... 아빠가..."

할머니는 눈이 휘둥그레지셨다.

"이? 뭐시여? 아빠가? 하이고오~시상에나 원! 아빠라는 사람이 그런 말 같지도 않은 소리를 했다니? 참말로...!"

"할머니, 정말 엄마가 우리 버린 거예요? 아빠가 막 화내면서 엄마가 우리 버렸다고 했어요!"

"그런, 말 같지도 않은 소리는 하지도 마러!! 아니! 시상 천지 으면 애미가 배 아파서 난 새끼를 그렇게 쉽게 버리겄냐? 철딱서니 없이 애비라는 사람이 차암말로... 속알머리 없기는~어휴우~~~, 니 아빠가 화가 나서 너한티 그런 얘기를 했는가 븐디, 그런 말은 귀에 담지도 말고 생각하지도 마러!! 어뜨케 그런 쓸데없는 소리를 해가지고 애를 이렇게 심란하게 만들어놔! 참말로~속상혀 죽겄네! 어휴우~ 속상혀라~참말로~!"

할머니는 세상천지에 그렇게 철딱서니가 없는 사람이 아빠라며 화를 내셨다.

"엄마가 아빠랑 살기가 힘들어서 그렇게 된 거시지, 니들이 싫어서 그런 게 아니여! 이? 니 엄마도 니들 떼놓고서는 을마나 마음이 아프고 힘들겄냐~참말로! 시상이~그거슨 말로 다 못 헌다! 그 아픈 속을 누가 알겄냐! 아무도 모르지! 그거슨 니가 커서 애미가 돼 봐야 아는 것이다! 아뭇소리 말고 지금 할머니가 하는 얘기, 꼭 명심햐! 이? 절때루, 엄마가 니들 버린 게 아니니까는 그런 걱정은 하지도 마러! 나중에라도 엄마 꼭 찾어라 이? 그거슨 니들이 찾으야혀! 니들이 먼저 엄마를 찾으야 하는 것이여! 내 말 알아 듣겄냐? 알겄지?"

할머니는 잔뜩 움츠린 슬픈 내 등을 따뜻하게 쓰다듬어 주셨다. 세월이 마디마디에 박혀 툭툭 불거진 투박하고 거친 할머니의 손은 그렇게 내 마음을 깊숙이 어루만져 단단한 사랑으로 채워 넣으셨다.

그 이후로 많은 세월이 흘렀다. 믿어지지 않겠지만, 나는 지금까지 내가 버려진 존재라는 생각을 한 번도 한 적이 없다. 그런 생각 자체가 들지 않았다는 말이 더 맞겠다.

"니 엄마는 너희를 버렸어!"라는 속 알 머리 없던 아빠의 말도 "니 엄마도 너를 버렸는데, 나까지 그랬으면 니 인생이 어땠겄냐!"라며 '구원자'가 되고 싶은 어떤 사람의 비수 같은 말도 나를 버려진 존재로 만들진 못했다. 나는 단 한 번도 버려진 사람으로 키워진 적이 없었고 버려진 사람으로 살아오지도 않았다. 당연했다. 버려진 적이 없었기 때문이다. 결국, '부부의 이혼'이 '자녀의 버려짐'이라는 등식은 성립하지 않았다. 적어도 나에게만큼은 그랬다.

나의 부모님은 법적인 절차를 통해 서로 남이 되었고 나는 엄마와 헤어졌다. 누가 누구를 버리고 버려진 관계가 아니라, 말 그대로 헤어진 관계였다. 또 다른 관점에서 나는 지켜진 존재였다. 아빠로부터, 할머니로부터, 내 주변의 좋은 사람들로부터!

어떤 자녀들은 특별한 대상으로부터 지켜지기도 한다. 지켜주는 존재가 꼭 부모여야 하는 법은 없으니까. 자녀의 안전하고 건강한 성장을 도울 수 있는 대상이라면 그것이 사람이든, 집단이든, 기관이든 나라이든 문제 될 것이 없지 않겠나! 여기서 우리가 꼭 기억해야 할 것은 부모로부터 버림을 받았든 그렇지 않든 우리의 본질, 소중한 가치는 절대 변하지 않는다는 사실이다. 이것은 진리다. 여태껏 우리는 우리가 미처 깨닫지 못한 다양한 통로를 통해 지켜지고 있었다는 것 또한 잊어서는 안 된다. 우리가 지금 살아 있다는 게 그 증거다. 그러니 '버려짐'에 방점을 찍지 마라.

이제는 조금씩 느껴지는가? 세상이 우리에게 주고 있는 메시지가 대부분 부정적인 면에 초점이 맞춰져 있다는 사실을 말이다. 이것이 우리가 의식적으로 초점을 옮겨 긍정을 선택해야 하는 이유다.

우리는 이제 성인이 되었다. 더 이상 누군가에게 의존해야 생명을 유지할 수 있는 나이는 지났다. 내가 나를 책임지고 성장시키며 보호하고 지켜야 하는 보호자다. 세상이 뭐라고 하든 우리는 우리를 향하는 편견들을 제압할 힘이 있다. 의심하지 말고 당당히 외쳐보자!

"내가 버려진 존재인지, 지켜진 존재인지 그건 내가 결정해!!!"

부모의 전쟁은 내 몸에 공포로 각인되었다

혹시 당신은 어린 시절 부모님의 싸움을 목격한 적이 있는가? 그렇다면 지금까지 당신의 기억 속에서 떠나지 않는 장면들이 있는가? 이런 질문에 어떤 사람은 '아니, 어린시절 부모님이 다투는 모습을 보지 않고 자라는 사람도 있나?'라고 말하기도 한다. 정도의 차이는 있지만, 생각보다 많은 자녀가 크고 작은 부모님의 갈등 상황을 목격하면서 성장한다. 당신이 만약에 지금까지 부모님의 다툼이나 싸움 장면이 기억 속에 깊이 각인되어 있지 않다면 감사하길 바란다. 그만큼 당신의 부모님이 관계가 좋았든지 아니면 성숙하게 싸우셨든지 어떤 방법으로든 당신을 보호했다는 의미일 수 있으니 말이다.

내겐 지금까지도 해상도 높은 영상처럼 생생하게 떠오르는 기억이 하나 있다. 그것이 즐겁거나 행복한 기억이었으면 얼마나 좋을까마는 평생 기억하고 싶지 않은 장면이라서 슬프다. 그렇다. 부모님의 싸우는 장면이다. 나는 아직도 부모님이 그때 왜 싸우셨는지 자세한 이유는 알지 못한다. 왜냐하면 부모님은 기억하지 못하시기 때문이다. 아마도 당사자들에게는 기억하지 못할 정도로 그리 비중 있는 사건도 아니었던 모양이다. 그러나 부모님의 싸움을 목격한 고작 8살짜리 어린 나에게는 그때 느꼈던 강렬한 두려움과 공포가 몸의 세포 하나하나에 박혀 트라우마로 각인되었다. 고막이 터질 것처럼 오가던 고함소리, 숨통을 조여오던 두려움, 공포에 떨며 쏟아냈던 폭풍눈물, 제발 그만하라고 외치던 절규, 화가 난 부모님을 바라보며 심하게 흔들렸던 여린 시선, 부모님이 계셨던 자리, 그리고 과격했던 동작들과 표정들까지 40여 년의 세월이 무색할 정도로 뚜렷이 기억하고 있다. 어쩌면 내 이야기에 "그 정도로 트라우마를 운운한다면 이 세상에 트라우마를 갖지 않은 사람이 과연 몇이나 되겠나?"라고 말할 수도 있다. 이해한다. 심리상담을 하는 나로서는 이보다 더한 부부싸움도 얼마든지 있다는 것쯤은 잘 알고 있기 때문이다. 최악의 경우 생명을 달리하는 끔찍한 일도 벌어지지 않던가! 그러나 여기서 우리가 짚고 넘어가야 할 것이 있다. 부모가 생각하기에 그 어떤 사사로운 형태의 갈등이나 싸움일지라도 그것을 목격하고 경험하는 어린 자녀들은 평생 잊을 수 없는 충격과 트라우마로 남을 수 있다는 점이다. 그 아이들이 성인이 되어 자신의 삶 속에서 비슷하거나 같은 장면이 재현되는 순간 어린시절로 돌아가 그때의 격렬했던 두려움과 공포를 몸의 모든 감각을 통해 생생하게 재경험하게 된다. 그렇다면, 부모는 도대체 어떻게 해야 하는가? 부모도 완벽한 존재가 아니니 폭발하는 감정을 성숙하게 다루지 못해 갈등이 일어날 수 있다. 그러나 그것이 자녀 앞이라면 이야기는 달라진다. 어린 자녀일수록 더 그렇다. 싸울 일이 있으면 되도록 자녀가 없는 곳이거나 보이지 않는 곳에서 조용히 해결하는 것이 바람직하다. 자신이 스스로 감정조절이 잘 안 되는 사람이라는 생각이 들면 자신을 통제할 수 있는 곳, 카페나 공공장소 같은 곳에서 이야기하는 것도 괜찮은 방법이다. 다른 사람들의 시선이 안전장치가 되는 효과로 좀 더 이성적으로 배우자를 상대할 수 있기 때문이다. 만약 의도치 않게 자녀 앞에서 싸우게 되었다면 화해하는 모습도 자녀에게 보여 주어야 한다. 그리고 폭력적인 부모님의 모습에 놀라 공포에 떨었을 자녀에게 반드시 사과하고 안심시켜야 한다. 자녀는 부모님의 모습을 통해 갈등의 해결 방법을 배운다.

    자녀에게 있어 부모의 싸움은 생명을 위협하는 전쟁과도 같다. 사방에서 총알이 날아들고 폭탄이 터지고 고성과 날카로운 비명이 들리는 감당할 수 없는 두려움이자 공포다. 영혼까지 새까맣게 태울 것 같은 위협 속에서 더 이상 부모는 안전지대가 아니다. 자녀는 불안함에 눈치를 보게 되고, 언제 터질지 모르는 전쟁의 위협을 느끼며, 자연스레 살아남기 위한 생존 방법을 찾게 된다. 끔찍한 갈등이 생기지 않도록 하기 위한 자신만의 역할을 찾는 것이다. 결국 생존을 위해 역할을 찾아 입은 자녀는 긴 세월 동안 그것에 함몰되어 진짜 자신을 잃어버리게 된다. 바로 잃어버린 자아다.

　나는 부모님의 싸움을 목격한 것이 단 한 번에 불과하다. 이것을 다행이라고 해야 할지 아니라고 해야 할진 모르겠으나 하루가 멀다 하고 부모의 싸움을 목격하는 자녀들에 비하면 난 오히려 감사한 셈이다. 부모의 강렬한 싸움은 그 횟수와는 상관없이 그냥 그 자체로도 참혹한 전쟁일 뿐이며 생각만으로도 몸서리가 쳐지는 끔찍한 일이다. 그런데 말이다. 그 몸서리 쳐지는 끔찍한 경험을 부모인 내가 아이들에게 고스란히 겪게 한 적이 있었다. 지금도 나에겐 죄책감이 드는 힘들고 아픈 기억이기도 하다. 그날의 싸우는 장면과 소리는 고스란히 내 아이들의 여린 몸속에 두려움과 공포로 박혀 버렸다. 이후, 8살 아들에게서 눈 깜빡임 증상이 나타났고 이틀 간격으로 옷에 배변 실수를 하는 일이 벌어졌다. 충격이었다. 상담사례에서나 볼 법한 일이 내 아들에게서 일어나다니! 인정하고 싶지 않았다. 아들은 잔뜩 위축된 모습으로 내 눈치를 보더니 머뭇거리며 입을 열었다.

　"엄마, 죄송해요. 나도 안 그러고 싶은데 똥이 그냥 팬티에 묻어요. 나도 모르게 나와버려요."

"아니야, 아니야. 미안해하지 않아도 돼! 일부러 그러는 것도 아닌데 뭐. 그리고 아이들이 몰라서 그렇지, 어른들도 가끔은 실수해. 괜찮아. 곧 좋아질 거야!"

나는 아들을 품 안에 한가득 끌어안았다. 미안했다. 정말 미안했다. 얼마나 충격이었으면 얼마나 불안하고 두려웠으면 몸조차 감당할 수 없었을까. 그 누구보다 잘 아는 내가 아이들에게 똑같은 경험을 하게 했다는 죄책감에 괴로워서 미칠 것 같았다. 아들은 그런 나에게 변함없이 예쁜 웃음이 담긴 애교를 선물로 주었다. 그러나 그런 아들의 작은 몸은 그날을 기억하고 있었다.

약 20일이 지났을까? 다행히도 아들의 눈 깜빡임 증상과 배변 실수는 모두 사라졌다. 아들은 아주 가끔 그때가 생각이 나나 보다. 살짝 내 옆으로 다가와 말을 건다.

"엄마, 엄마 그때 아빠랑 싸웠잖아요. 그때 엄청 무서웠어요."

"아이궁! 그랬구나. 많이 무서웠구나? 엄마가 너무 미안해. 무섭게 해서 미안해. 정말 미안해!"

"엄마, 그때 내 마음이 어땠는 줄 알아요? 내 마음이 다 타서 새까맣게 재가 됐어요."

만약 무서운 전쟁터에서 생명의 위협을 받는 아이가 있다면 당신은 어떻게 하겠는가? 아직 너무 어려서 자신을 보호할 힘도 없다. 그렇다고 자신을 위협하는 것들을 향해 대적할 힘도 없다. 그런 아이가 공포에 떨며 제발 살려달라 울부짖고 있다면 당신은 어떻게 하겠는가? 나는 어떻게 해서라도 구해 낼 것이다. 더 이상 이곳은 나를 보호해 줄 수 없다고, 이미 이곳은 안전지대가 아니라고, 여기에 있다가는 언제 죽을지 모른다고 살려달라며 울부짖는 아이를 구할 것이다. 왜냐하면, 그 아이가 바로 나였기 때문이다. 결국, 나에게 있어서 부모님의 이혼은 이미 회복될 수 없는 관계에 대한 그들만의 마지막 선포이자 나를 최악의 상황에서 꺼내어 안전한 세상으로 들어갈 수 있도록 하는 새로운 문이었다. 이것은 내가 부모님의 이혼을 바라보는 다른 시각이며 관점이다. 누군가는 겨우 한 번 경험한 부모님의 싸움을 부정적인 시각으로 확대해석한 것 아니냐고 할지도 모르겠다. 그렇다면 오히려 되묻고 싶다. 그 한 번의 경험으로 그날의 공포와 두려움을 40여 년이 지난 지금도 똑같이 날 것으로 경험하고 있다면 이것은 어떻게 설명할 것인가! 우리는 지극히 사소해 보이는 단 한 번의 부정적인 경험이라 할지라도 기억과 몸에 각인되어 평생을 따라다닐 수 있음을 기억해야 한다.

    나는 '이혼 예찬론자'가 아니다. 단지 '이혼'을 나쁘게만 바라보는 시선들이 달갑지 않을 뿐이다. 내가 이혼에 대한 고정관념을 새롭게 환기시키고 싶어하는 이유는 이혼의 부정적이고 편협한 생각들이 이혼가정의 자녀에 대한 왜곡된 생각으로 연결되기 때문이다. 이혼에도 분명 양면성은 존재한다. 이것이 바로 이혼의 부정적인 면만을 바라보고 섣불리 판단하지 말아야 하는 이유다. 극단적인 예일 수 있지만, 만약 배우자가 알코올이나 약물, 도박, 반복되는 외도처럼 중독에 빠져있는 경우, 정서적, 심리적, 육체적으로 생명에 위협을 느낄 만큼의 학대와 폭력이 있는 경우, 사이코패스나 소시오패스, 나르시시스트 등과 같이 성격적 결함이나 정신적 장애가 있는 경우라면 이야기는 달라질 것이다.

이혼에 대한 다른 설명 중 하나는 이혼으로 가족이 갈라지고 깨졌다고 표현하는 것이다. 물론 관계를 비롯해 가정의 형태가 달라진 것은 맞다. 그러나 이혼이라는 절차를 통해 온전한 관계나 안정된 가정이 깨진 것이 아니다. 엄밀히 말하면 '이혼'은 이미 깨진 관계나 무너진 가정이라는 것을 법적으로 인정하는 절차이며, 동시에 새로운 형태의 출발을 허락하는 과정일 뿐이다. 좋은 관계나 온전한 관계, 사랑이 많은 관계나 행복한 관계에서 '이혼'이라는 사건은 일어나지 않는다. 관계의 상처로 인해 상대를 죽이고 싶을 만큼의 미움이나 분노로 극에 달아 있거나 파생되는 여러 가지 문제들로 가정의 기능이 회복 불가하다는 판단이 내려졌을 때, 마지막으로 선택하는 것이 '이혼'이기 때문이다. 따라서, 고상하고 품격있는 이혼은 없다. 복수의 앙갚음으로 최대한 할퀴고 쥐어 뜯어가며 서로를 만신창이로 만들 뿐이다. 하루하루 전쟁 같은 환경 속에서 영혼에 상처를 입고 죽어가는 자녀들을 당신은 상상이나 해 보았는가? 자! 이래도 부모님의 이혼이 나쁜 것이라고만 생각할 것인가? 숨고, 숨기며 주눅 드는 삶을 도대체 언제까지 살 것인가? 제발! 이제는 당당해져도 괜찮다. 부모님의 이혼이 결국 당신의 생존을 위한 선택이었을지 누가 알겠는가!

당당할 권리는 당신에게 이미 충분하다.

당신의 삶은 당신이 원하는 것보다
더 좋은 것을 준비하고 있다

부모님의 관계가 좋고 웃음으로 가득한 행복한 가정이었으면 얼마나 좋았을까? 행복까지는 아니더라도 그냥 보통의 가정이었더라도 좋지 않았을까? 낡아서 빛이 바랜 사진 속에도, 조각조각 흩어져 있는 내 기억 속에도 아빠와 엄마 그리고 나와 동생들이 행복하게 찍은 사진은 없다. 안 찍은 것인지 못 찍은 것인지는 알 수 없지만 내 추억 속에 행복한 가족은 부재였다. 나의 어린시절이 겨우 몇 장의 낡은 사진으로 남아 있었지만, 그것조차도 내가 상상하고 원하는 가족사진은 아니었다. 그마저도 잦은 이사 때문에 없어지고 겨우 남은 것이라 나에겐 소중했다.

당신은 행복한 어린 시절의 기억을 가지고 있는가? 어린시절 우리 집은 작은 슈퍼를 하고 있었다. 겨울이면 따뜻하게 데워진 고소한 병우유를 마실 수 있었고, 여름이면 아이스크림 통에 가득 담긴 아이스크림을 꺼내먹을 수 있었다. 그야말로 나는 8살의 부르주아였다. 내가 먹고 싶은 것들에 둘러싸여 살았으니 어련했겠는가! 부모님의 관계야 어찌 됐든, 우리 집 경제 사정이야 어찌 됐든, 어린 내가 걱정할 일은 아니었기에 내가 만든 나만의 세상에서 소소한 즐거움을 누리며 지냈다. 그 당시 나는 반 친구들에게 인기도 많고 반장도 하면서 이래저래 상도 타고 선생님의 관심도 받으며 모범적인 학교생활을 하고 있었다. 누가 봐도 자신감 넘치는 쾌활하고 명랑한 아이였다. 어느 날은 슈퍼 앞 땅바닥에 쪼그리고 앉아 아빠가 나무막대기로 그리는 우리나라 지도를 보며 지리 공부를 하기도 했다. 나는 다정하고 친절한 아빠가 좋았다. 아빠로부터 관심과 인정을 받고 있다는 느낌이 들 때마다 내 가슴은 어느새 자신감으로 꽉 채워졌다. 할아버지 할머니가 계신 시골로 이사한 후에도 학교 공부를 마치고 집으로 돌아가던 나에게 아빠가 그 당시 운영하던 마을 회관에서 김치라면을 직접 끓여 주기도 하셨다. 나만을 위해 끓여진 아빠표 라면은 그 어떤 화려한 요리보다도 특별한 감동을 주기에 충분했다. 나는 지금도 그 맛을 잊을 수 없어 라면을 끓일 때마다 꼭 김치를 넣는다. 어쩌면 라면의 특별한 맛보다 그때 느꼈던 따뜻하고 다정한 아빠를 소환하고 싶어서일지도 모르겠다. 엄마와 헤어진 후 매번 감정조절에 실패해 화를 내는 무섭고 엄격한 아빠이기도 했지만, 정이 많고 자상하고 따뜻한 아빠이기도 했다. 그런 아빠였는데 왜, 가족사진 하나 남기지 못했는지 아쉬움이 많이 남는다. 글쎄다. 지금 곰곰이 생각해 보면 나는 가족사진을 가지고 싶은 것이 아니라, 가족사진 안에 담긴 행복한 가족이 가지고 싶었던 것 같다. 조각조각 생각나는 어린 시절이지만 나는 시골로 전학을 온 후, 그래도 나름 그 안에서 즐겁고 행복한 일을 찾아가며 살았던 것 같다. 시골 할머니 손에서 자라던 나는 자연이 주는 풍요로운 혜택을 누리며 살았고, 내 곁에 나를 좋아해 주는 사람들과 따뜻한 추억을 만들며 성장했다. 그 안에서 나는 더 이상 이혼가정의 자녀가 아니었다. 엄마에게 버려졌다고 소문 난 아이도 아니었다. 할머니 손에서 어렵게 자라는 가여운 아이도 아니었다.

그냥 나였다. 전학과 동시에 엄마와의 이별을 경험했고, 아빠의 기대처럼 학교 성적이 상위권에 들지는 못했지만, 다른 영역에서 상도 타고, 동네 어르신들에게 착하다 칭찬도 받고 학교 선생님들의 도움으로 다양한 성취감을 맛보며 그런대로 순조롭게 성장해 갔다. 그 덕분에 나는 내 또래의 순수하고 발랄한 아이로 빠르게 회복할 수 있었다. 이 기회를 통해 내가 나로 성장할 수 있도록 만들어 주었던 내 어린 시절의 모든 분께 진심 어린 감사의 인사를 전한다. 나는 그렇게 성장하며 어른이 되었고 주어진 삶을 충실히 살아냈다. 그러던 어느

시점 까맣게 잊고 살았던 '이혼가정의 출신'이라는 꼬리표를 뼈아프게 인식하게 되는 경험을 하게 된다. 바로 결혼이라는 제도 앞에서였다. 나는 결혼하기 좋은 조건의 사람이 아니었다. 그저 어릴 때 한쪽 부모로부터 버려진 불쌍한 존재일 뿐이었다. 시간이 지날수록 예전의 밝고 당당했던 내 모습은 불편한 시선으로 위축되어갔다. 마치 내가 그들의 삶에 번거로운 짐짝이나 인생 여정의 걸림돌이 되어 폐를 끼치고 있다는 느낌마저 들었다. 점점 쓸모없는 사람이 되어가는 느낌이 들었고 우울해졌다. 그러다가 나의 선택에 대한 뒤늦은 후회와 그 순진한 어리석음에 화가 나기도 했다.

  이혼가정 출신의 한 사람을 가족 구성원으로 새롭게 받아들이는 것에 반대하는 사람들을 이해하지 못하는 것은 아니다. 자식이 더 좋은 조건의 사람과 결혼하는 것을 마다할 부모는 없기 때문이다. 결혼이라는 것이 인생에 있어 중대한 일이기에 더 신중해야 한다는 것도 백번 맞는 말이다. 믿어지지 않겠지만, 이혼한 부모조차도 자식이 이혼가정의 자녀와 결혼하겠다고 하면 반대한다. 내가 그랬으니 너희만큼은 안 된다는 의미다. 또, 배우자의 부모에게 평생 부모님의 이혼을 비밀로 하기도 한다. 이혼가정 자녀에 대한 편견의 벽은 이렇게도 서로에게 두껍고 단단하다.

  사실 자녀에게 부모의 이혼은 자신의 잘못도, 그렇다고 자신의 선택도 아니었다. 그럼에도 불구하고 왜, 자신이 피해를 봐야 하는지 이해가 되지 않을 수 있다. 왜! 부모의 선택이 자신의 인생에 걸림돌이 되어야 하는지 원망스러울 수도 있다. 결국, 분노의 화살은 이혼한 부모에게로 향하게 된다. 충분히 그럴 수 있다. 적어도 내가 그랬다. 그러나 지금부터 내 이야기를 읽다 보면 당신의 생각에 변화가 생길 것이다.

  앞서 언급했던 것처럼 나는 부모님이 헤어진 후 안정감을 찾지 못해 혼란을 겪었던 시기를 빼놓고 결혼하기 전, 30년 가까이 내가 이혼가정 출신의 사람이라는 사실을 잊고 살았다. 그랬을 만큼 나는 내 주변으로부터 이혼가정의 자녀이기에 받는 부정적인 편견이나 인간관계의 어려움이 없었다. 밝은 성격의 나는 자신감이 넘쳤고 당당한 삶을 살아가고 있었다. 그래서 더욱 내 존재가 거부당할 수 있다는 것에 대한 이해가 어려웠고, 처음 겪어보는 납득 불가능한 일에 충격이 컸다. 그러나 나는 나에게 자신이 있었고 그 자신감으로 내가 어떤 사람인지 증명하기 시작했다. 더불어, 나를 키워주신 할머니의 헌신적인 삶이 편견 앞에서 온전히 부정당하는 것 같아 참을 수도 없었다. 뭐라도 해야 했다. 그러나 현실은 그리 만만치 않았다. 나를 위한 드라마틱한 전개나 결과는 없었다. 지금 생각해봐도 존재를 거부했던 편견 앞에 끊임없이 나를 증명하려 애썼던 모습이 애처롭기 그지없다. 물론, 이것은 지극히 내 개인적인 사례에 불과하다. 세상의 모든 부모가 자녀의 짝이 이혼가정의 출신이라고 해서 결혼을 무조건다 반대하는 것은 아니다. 내 주변의 이혼가정 출신인 지인만 보더라도 그녀를 기꺼이 환영해주는 사람들과 가족을 이루고 그 안에서 자신의 꿈을 펼치며 살아가고 있으니 말이다. 좋은 사례는 분명 우리 주변에 존재한다. 그럼에도 불구하고 나와 비슷한 경험으로 힘들어하고 있을 당신을 위해 내 생각을 풀어보겠다.

결혼을 결심한 당신이 이혼가정 출신이라는 배경 때문에 극심한 반대에 부딪혔다면 신중하게 다시 고려하길 바란다. 물론, 당신과 당신의 파트너가 결혼을 생각했다는 것은 그만큼 서로에 대한 사랑과 확신이 깊다는 것을 모르진 않는다. 그러나 결혼이라는 것은 당신의 인생이 달린 중요한 선택이다. 반대에 부딪힌 당신의 조건은 당신의 노력으로 사라지지 않는다. 그렇다는 것은 결혼 후에도 당신이 통제할 수 없는 부분으로 인해 불편함과 어려움을 당할 수 있다는 뜻이다. 결혼 전보다 훨씬 더 어려울 수 있다. 그래서 나는 당신을 환영하지 않는 결혼은 다시 신중하게 생각하라 말하고 싶다. 당신의 소중한 가치를 알아보는 사람은 분명히 있고 그 사람을 찾으면 된다. 말처럼 쉽냐고? 감히 말하지만, 결혼해서 지옥을 맛보는 것보다 낫다. 혹여라도 그런 사람을 찾지 못할 것 같은 걱정과 불안한 마음에 반대하는 결혼을 성급하게 서두르지 않길 바란다. 마치, 당신을 싼값에 덤으로 넘기는 것과 같은 결혼 말이다. 예외는 있다. 당신의 결혼 상대가 부모로부터 완전히 독립하여 경계가 건강하고 안전한 사람이라면 이야기는 달라진다. 그 사람은 당신과 한 편이 될 것이며, 갈등으로부터 당신은 보호를 받게 될 가능성이 커진다. 그렇다면 충분히 도전할 만하다. 만약 당신이 이미 결혼한 상태라면 당신을 여전히 반대하는 가족이 당신의 가치를 알아볼 때까지 인내심을 가지고 기다리는 수밖에 없다. 사람의 마음을 얻기까지는 시간이 걸린다. '이혼가정의 자녀'라는 변하지 않는 당신의 조건과 그것에 반응하는 타인의 마음은 당신의 통제영역이 아니다. 일단 수용하되 흔들리지 말아야 할 것은 당신이 생각하는 당신의 가치다. 당신의 참된 가치를 알아주고 알아주지 않고는 그냥 그들의 몫이다. 알아주지 않는다고 해서 당신의 고귀한 가치가 쓰레기로 변하는 일은 없다. 단지 그들이 당신의 가치를 알아보는 눈이 없거나 당신을 받아들일 마음의 준비가 되지 않았을 뿐이다. 당신의 진가를 알아보는 그들의 시간이 빨라지길 기도하지만, 끝내 당신을 인정하지 않거나 수용하지 않을 수도 있다. 그러나 절망하지 마라! 그것이 그들의 한계다. 그냥 인정해라. 그보다 더 중요한 건 내가 고귀한 가치를 지닌 존재임을 스스로 인정하는 것이다. 그러면 충분하다. 다른 사람들이 나를 인정해 주고 나의 가치를 알아준다면야 너무나 감사할 일이지만 아니어도 상관없다. 괜찮다.

앞에서 잠깐 언급했지만 나는 이혼가정의 자녀라는 내 배경이 원망스러울 때가 있었다. 그러나 지금은 부모님의 이혼이 어쩌면 다행한 일일 수도 있겠다는 생각이다. 부모님의 이혼이 다행한 일이라니 미친 소리로 들리겠지만, 세월이 흐르고 부모님을 내 부모이기 전에 그냥 사람 대 사람으로 경험하면서 나의 이런 생각은 더욱 명확해지는 중이다. 그래서 가끔 나를 궁금해하는 사람들에게 이야기한다.

"제가 저의 할머니 같은 분의 손에서 자랄 수 있었던 게 감사하죠."

나는 이제껏 이혼이 나쁜 거라고만 생각했다. 그러나 내가 어른이 되어보고, 심리상담 공부도 하고, 결혼도 해 보고, 자식도 낳고 키워보고, 이혼도 해 보고, 심리상담으로 다양한 내담자들을 만나보니, 부모의 이혼이 단순히 나쁜 점만 있는 게 아니란 걸 깨닫게 되었다. 만약 내 부모가 이혼하지 않았더라면 그분들이 만들어 놓은 환경 안에서 어린 내가 어떻게 어떤 모습으로 살았을까를 생각하니 글쎄다... 그냥 상상하기도 싫다는 것이 솔직한 지금의 내 심정이라 하겠다. 나의 부모님은 서로를 미워했고 탓을 했으며 원망했고 끊임없이 분노했다. 놀라운 사실은 40년이 훌쩍 지난 지금까지도 마치 두 사람이 약속이라도 한 듯 그 시절과 비슷한 감정상태에 있다는 점이다. 그렇다. 두 분은 아직 과거에서 빠져나오지 못했다. 처음엔 서로를 사랑했고 함께하지 않으면 안 될 것 같아 결혼했겠지만 서로 한팀이 되어 안정적이고 행복한 가정을 이루는 것에는 성공하지 못했다. 나에게 있어 부모님에 대한 행복한 기억은 찾지 못할 만큼 희미하다. 그래서인지 두 분의 짧았던 결혼생활의 내용을 알아가면 알아갈수록 이혼이 결코 나쁜 것만은 아니겠다는 생각이다. 오히려 서로를 살리고 살아남는 기회이지 않았을까 한다.

좋다! 이쯤 되면 적어도 나의 말에 고개를 끄덕이거나 비슷한 생각을 하는 사람이 있지 않을까 한다. 만약 당신도 나와 같은 생각이라면 부모님의 이혼에 대해 마냥 부끄럽지만은 않을 것이며, 더 나아가 스스로 당당해질 수 있다. 또, 부모님의 이혼에도 불구하고 잘 성장한 이혼가정의 자녀로서 좀 더 당차게 편견에 맞설 수 있게 된다. 매일같이 싸우는 부모 밑에서 어른으로 성장한 사람이 어릴 때 부모님이 이혼한 친구를 부러워하는 것처럼, 누군가에겐 부모님의 이혼이 부러움의 대상이 되곤 한다. 다른 관점에서 우리는 부모님의 이혼에 있어서 마냥 피해자가 아니라는 것, 어떤 면에서는 수혜자일 수도 있다는 것을 알아차렸으면 좋겠다. 이것이 내가 오랜 세월을 지난 후 갖게 된 부모님의 이혼을 바라보는 새로운 시각이다. 나는 이제 더 이상 당신이 피해자처럼 살지 않길 바란다. 세상을 향해 더 떳떳하고 당당해지길 바란다. 그리고 이혼가정의 자녀라는 이유만으로 당신을 환영하지 않는 사람들은 미련 없이 당신의 인생에서 떠나보내길 바란다. 당신의 인연이 아니다. 다시 말하겠다. 당신의 진정한 가치를 알아봐 주는 사람은 분명히 있으며, 반드시 당신 앞에 나타날 것이다.

이 순간도 당신의 삶은 당신이 원하는 것보다 더 좋은 것을 준비하고 있다. 결국, 당신은 잘된다.

결국 부모님의 이혼은 나를 위한 것이었다

 아이를 낳고 키운다는 것은 온전히 자신을 갈아 넣는 희생이 뒤따른다. 그만큼 높은 몰입도의 헌신이 필요하다. 생명의 탄생도 기적 같은 일인데, 사람이 사람을 성장시키고 스스로 자립할 수 있도록 키워낸다는 것은 신이 인간에게 부여한 가장 경이롭고 아름다운 특권이 아닐까 생각한다.
 나는 첫째 딸이 태어나는 순간부터 한시도 눈을 뗄 수가 없었다. 말을 하지 못하는 갓난아기의 필요를 알아차려야 했기에 최대한의 에너지를 끌어모아 딸에게 집중했다. 육아의 바이블이라 불리는 벽돌 두께의 육아 책을 항상 옆에 놓고 혹시 모를 실수에 대한 불안감을 달래곤 했다. 모유 수유를 선택한 나는 새벽에도 두세 시간 간격으로 일어나야만 했다. 딸의 칭얼대는 소리에 무거운 눈을 뜨지도 못한 채 수유를 하고 다른 가족이 깰까 봐 조용히 거실로 나가 재우곤 했다. 새벽잠을 설치는 일이 지속되고 낮이 밤인지 밤이 낮인지 비몽사몽 걸어 다니는 내 꼴은 흡사 폐인과 다를 바 없었다. 이유식을 준비하고 먹이느라 식사를 대충 때우거나 거르기도 했다. 제때 몸을 뒤집고 기어 다니며 제때 아장아장 걷고 말문이 터지고 제때 배변을 가릴 수 있도록 해야 한다는 생각에 그야말로 나의 모든 정신은 딸에게 집중되어 있었다. 나의 일과는 오롯이 딸의 성장패턴에 맞춰져 있었다. 나의 눈부시고 아름다웠던 시절이 언제였는지 기억조차 나지 않았다. 딸의 연약한 피부를 보호하기 위해 예쁜 옷보다는 면으로 된 실용적인 티셔츠로 바꿔 입어야 했고, 앉았다 일어서기를 반복하며 허리와 무릎이 열심히 일하는 고된 일상에 탄력성이 좋아 쭉쭉 늘어나는 가장 편한 바지를 골라 입게 되었다. 세수는 했는지 머리는 또 언제 감았는지 기억은 없고, 딸의 얼굴에 묻을까 화장품도 거의 바르지 않았다. 예쁘게 길렀던 머리카락은 딸아이가 야무지게 잡아당기기 시작하는 시기, 급격한 호르몬의 변화로 무서울 정도로 숭숭 빠져 짧게 잘라야 했다. 행여 딸의 몸에 상처를 낼까 손톱은 최대한 짧게 자르고 까칠한 부분을 매끄럽게 갈아냈다. 내가 먹고 싶은 매콤한 음식들은 애초에 젖을 먹는 딸을 위해 포기했다. 비싸서 엄두도 못 내

봤던 최고급 음식 재료들을 딸아이의 이유식을 위해 과감히 고르기도 했다. 건강검진으로 위내시경을 받아야 하는데 이게 웬일! 젖을 먹는 딸에게 좋지 않단다. 그래서 뭐, 수면내시경은커녕 목구멍에 뿌리는 마취제도 뿌리지 못한 채, 그 굵고 무시무시한 내시경을 생으로 삼켰다. 카메라가 내 목구멍을 타고 쑥쑥 들어갈 때마다 나오는 헛구역질과 뻐근함을 느끼며 눈물, 콧물, 침범벅의 처참한 얼굴로 검사를 받기도 했다. 면역력이 약한 딸을 위해 매일 적정한 온도의 물로 목욕을 시키고 피부 건강을 위해 유기농 제품의 로션으로 마사지하듯 발라주었다. 딸이 성장해 기어다니기 시작하면서부터는 그야말로 급이 다른 육아 전쟁에 돌입해야 했다. 눈 깜짝할 사이에 거실은 어느새 빼놓은 휴지로 어질러져 있었고, 뚜껑은 어떻게 열었는지 화장품을 손으로 퍼먹고 있기도 했다. 걷기 시작한 딸이 혹시라도 넘어져 부딪칠까 봐 식탁, 가구 등 모서리란 모서리는 말랑말랑한 스티로폼으로 붙여놓은 탓에 예쁘고 귀여운 가구의 모습은 이미 덕지덕지 누추한 거지꼴이 되어갔다. 혼자 밥을 먹겠다며 고집을 부리는 딸은 음식으로 샤워를 한다. 입에 들어가는 것보다 바닥에 버려지고 옷에 묻고 얼굴에 칠하는 것이 더 많다. 변기에 싼 자기 똥이 신기해서 물끄러미 바라보는 딸과 함께 빠이빠이 똥을 보내주기도 하고, 딸이 변기에 손을 넣으려는 순간을 포착해 번개처럼 딸의 팔을 잡아야 하기도 한다. 그야말로 온종일 눈을 뗄 수가 없다. 갑작스레 아픈 아이에 놀라 벌렁거리는 심장을 부여잡고 응급실로 달려가는 것은 이미 참새가 방앗간에 가는 수준이 되었다. 나들이를 위해 나갈 준비를 마치고 아기띠를 맨 순간 딸이 옷에 똥을 쌌다는 것을 느꼈을 때의 그 허탈감이란 말해 무엇하겠나! 그때를 생각하면 지금도 헛웃음이 난다. 어찌됐든 덕분에 엄마로서의 나는 상황 대처능력이 그야말로 수준급으로 급성장한다. 때론 그런 내 모습이 좀 괜찮아보여 어깨가 으쓱해지기도 한다. 어린 딸을 혼자 두면 위험하기도 하고 울면서 나와 떨어지지 않으려 할 때는 딸을 아기띠에 매고 화장실로 동반 입장을 한다거나 문을 열고 볼일을 보기도 한다. 뭔가 기분은 참 애매하지만, 그것도 점점 대수롭지 않은 일이 되었다. 마르고 왜소한 내가 10킬로그램이 넘는 딸을 등에 업고 10킬로그램에 육박하는 유모차와 온갖 아기용품이 들어있는 기저귀 가방을 둘러메고 총 20킬로그램이 넘는 무게를 견디며 경사가 급한 언덕 위의 집 4층 계단을 오르내리는 괴력을 뿜어내기도 했다.

　지금까지 나는 마치 당신에게 하소연이라도 하는 듯 버겁던 내 첫 육아 체험기를 주저리주저리 쏟아냈다. 앞서 언급했듯 한 생명을 낳고 키우는 것에는 온전한 희생이 필요하다. 엄마도 엄마가 처음인지라 서툰 것은 물론이거니와 행여 잘못된 육아로 인해 아이에게 좋지 않은 영향이라도 줄까 무섭기까지 하다. 그럼에도 불구하고 특별한 책임감과 깊어지는 사랑에 틈나는 대로 공부하며 최선을 다한다. 때론 힘들지만 감당해야 하는 현실 앞에서 답답함으로 울기도 한다. 지칠 대로 지쳐버린 어느 순간 언뜻 뒤돌아보니 내가 없어져 버린 것 같은 허무한 경험도 한다. 내 이름조차 온데간데없어지고 누구의 엄마로 때론 아예 아이의 이름으로 바뀌어 불리기도 한다. 그런데 이것이 묘하게 좋기도 하지만 싫기도 하다. 이 어색한 양가감정에 내가 좋은 엄마인지 나쁜 엄마인지 모를 혼란스러움에 죄책감마저 들기도 한다. 언제부터인지는 잘 모르겠다. 모성이라는 것이 마치 엄마의 존재 안에 이미 처음부터 설계가 되어 있는 것처럼 당연시되는 것 말이다. 그래서일까? 자녀를 위한 엄마의 희생은 당연한 것처럼 여겨지기도 한다. 천하무적 모성으로 포장된 엄마들에게 떠맡겨진 독박육아의 현실은 사실상 매우 버겁다. 아빠는 육아를 돕는다고 말한다. 이 말은 마치 육아는 아빠의 책임이 아니라는 것처럼 들린다. 그러나 사실 육아는 부부가 함께하는 것이다. 아빠의 육아 개입이 아이의 지능과 정서, 사회성 발달에 얼마나 많은 유익을 주는지는 이미 많은 연구를 통해 알려져 있다. 그래서인지 부모교육의 정보력이 빠른 젊은 부부들이 공동육아를 하는 모습을 보면 사랑스럽고 좋다. 그러나 부부관계가 좋지 않은 경우라면 이야기는 달라진다. 공동육아는 커녕 배우자와 엮여 스트레스받고 싶지 않다는 이유로 자녀에게 관심을 주지 않거나 아예 나 몰라라 회피해 버리는 경우가 그렇다. 결국 자녀는 한쪽 부모에게만 떠맡겨지거나 양쪽 부모로부터 제대로 된 양육을 받지 못하는 일이 벌어지기도 한다. 결국 여러 가지로 스트레스가 많고 불안정한 가정환경으로 인해 상처를 입게 되는 것은 자녀가 될 수밖에 없다. 극심한 부부 갈등이 지속되면 될수록 자녀의 존재는 마치 투명인간처럼 부모 안에서 찾아볼 수 없게 된다. 피 터지는 갈등 속의 미움과 분노, 원한과 앙갚음의 검은 그림자가 자녀를 바라보는 부부의 눈을 철저히 가렸기 때문이다. 이러한 가정환경에서는 자녀의 건강한 성장을 보장받을 수 없고 기대할 수조차 없다. 당연하다. 그렇다고 해서 부부 갈등의 해결책이 결국 이혼일 수밖에 없다고 억지 이해를 시키려는 것이 아니다. 우리가 이혼한 부모를 이해하고자 할 때 다른 관점으로도 생각해 보자는 것이다. 당신도 이미 짐작하겠지만 지속되는 부부 갈등 속에 자녀의 안전은 없다. 물론 행복도 장담할 수 없다. 그러니 당신은 부모님의 이혼에 대해 무조건 원망부터 하지 않았으면 좋겠다. 다른 관점은 우리의 새로운 성장 포인트가 될 것이다. 부모도 그땐 그 선택이 최선이었을지 어찌 알겠나? 끝내 긍정적인 해답을 찾아내지 못한 결과라는 것이 매우 안타깝긴 하지만 어쩌겠는가? 우리가 통제할 수 있는 영역이 아닌 것을! 그냥 내 부모의 한계로 받아들이는 것이 오히려 낫지 않겠나? 일부러 자녀를 망가뜨리기 위해 이혼하는 부모는 이 세상에 없다. 만약 있다면 그들은 부모가 아니다. 나는 부모님의 이혼이 오히려 모두가 살아남기 위한 선택이었음을 이제는 안다. 결국 부모님의 이혼은 나를 위한 것이었다. 미친 소리로 들리겠지만 나는 이렇게 정리했다. 시간이 지나면 지날수록, 내가 어떤 사람인지 알면 알수록, 내가 심리상담을 하면 할수록 이해가 되고 또렷해지는 것을 어떡하겠나! 당신도 당신 부모님의 이혼에 대해 덮어놓고 원망만 하지 않기를 진심으로 바랄 뿐이다.

누군가에겐 생존의 문제였다

 누군가에게 이혼은 생존을 위한 마지막 수단이 된다. 최후의 생존 방법이 이혼이 아니라 상담이면 얼마나 좋을까마는 상담조차 필요 없을 정도로 최악의 상태라면 어쩔 수 없는 노릇이다. 서로에 대한 신뢰는 이미 깨졌고, 그 안에서 벌어지는 다양한 폭력과 학대, 알코올 문제, 외도 등 관계를 찢고 파괴할 가능성이 농후한 것들은 일상이 된다. 이런 상황이라면 굳이 두 사람을 결혼이라는 제도에 묶어놓을 필요가 있는지 고민하지 않을 수 없다. 자식을 위한다는 이유로 억지로 엮인 쇼윈도 부부, 이혼하지 못한 게 자식 때문이라며 자신의 억울한 인생을 자녀의 탓으로 돌리는 부모. "내가 너 때문에 참고 사는 거야! 너만 아니었으면 벌써 이혼했어." 폭력이 난무하는 공포 분위기 속에 긴장감은 일상이 되고, 부모의 끊임없는 화풀이 대상이 되는 한편, 매번 죄책감을 심어 주는 최악의 환경 속에서 자녀들이 괜찮기를 바란다는 건 미안하지만 어불성설이다. 자녀들은 이미 그 속에서 지옥을 맛보고 있을 것이기 때문이다. 어떤 경우엔 부부가 아니라 자녀를 위해서라도 영구적인 분리가 시급한 경우가 있다. 그 안에는 분명 가해자와 피해자가 존재하며 겉으로 보여지는 모습보다 꽤 심각할 수 있다. 앞서 언급했던 것처럼 이혼이 생존을 위한 수단이라고 말한 이유가 여기에 있다. 굳이 대중매체를 통해 접하지 않더라도 부부나 가족 간의 심각한 문제들은 얼마든지 우리 주변에서도 찾아볼 수 있다.

가정폭력으로 경찰에 연계되어 오는 부부나 가족들을 상담하면서 다양한 사례를 접하는 나는 가끔 부모님이 이혼하지 않았더라면 어떤 삶을 살았을까 생각해 보곤 한다. 나는 그 안에서 행복했을까? 아니면, 부모님의 갈등 속에서 눈치 보는 아이가 되었을까? 안타깝게도 부모님과 내가 함께했던 행복한 그림은 그려지지 않았다. 내 어린 기억 속에도 없고 사진에도 남아 있지 않았다. 슬픈 일이다. 하지만 어쩌겠는가! 이미 지난 과거의 일이고 지금에서 왜, 두 분이 행복한 결혼생활을 하지 못했는지 원인을 찾는다는 건 시간 낭비일 뿐이고 소용없는 일이지 않겠나! 단지 자식으로서 두 분이 지금껏 가지고 있는 그 마음의 상처와 응어리를 잘 해결하길 바랄 뿐이다. 많은 세월이 흘렀다. 이제는 두 분이 서로에 대한 마음이 유연해지긴 했다. 그렇다고 해서 예전의 아픈 상처에서 완전히 벗어난 것은 아니지만 말이다. 아직도 과거에 매여 현재를 살지 못하고 계신다는 것이 안타까울 뿐이다.

내가 중학생 때의 일이다. 엄마가 나를 만나기 위해 학교로 찾아왔었고 아빠가 소문을 통해서 그 사실을 알게 된 일이 있었다. 학교 수업을 마치고 집에 돌아와 보니 한바탕 난리가 나 있었다. 엄마를 만났다는 이유에서였다. 자식이 보고 싶어서 학교로 찾아온 엄마를 내가 어떻게 막을 수가 있겠는가! 엄마가 나를 보기 위해 찾아온 것이 내 잘못이고 내 책임이란 말인가? 아빠는 나에게 불같이 화를 냈고 집안 분위기는 험악해져 버렸다. 뜬금없이 6년 만에 찾아온 엄마를 만난다는 것은 나에게도 쉽지 않은 일이었다. 엄마를 만날 마음의 준비가 전혀 되어있지 않은 상태에서 그동안의 공백이 주는 어색함을 단번에 없앨 수는 없는 일 아닌가! 아무리 내가 좋아했고 그리워하고 보고 싶었던 엄마라 할지라도 말이다. 지금 생각해 보면 헤어진 자식의 마음이나 생각 따윈 전혀 고려되지 않은 어른의 이기적인 행동이라는 생각이다. 어찌됐든 성인이 된 지금이야 만나고 싶으면 얼마든지 만날 수 있는 상황이지만 그 시절 그때는 그랬다. 엄마가 보고 싶어도 차마 아빠에게 말하지 못했던 때였고, 부모가 이혼하면 함께 살지 않는 한쪽 부모를 만난다는 것은 너무 어려운 일이었다. 요즘은 자녀를 위한 면접교섭권이라 해서 한 달에 두 번은 함께 살지 않은 부모를 만날 수 있도록 법적으로 정해놓고 있으나 그때는 부모가 헤어지면 자식도 따라 헤어지는 것이 당연한 시절이었다. 나는 엄마를 만났다고 집안을 뒤집어 놓는 아빠의 모습을 보면서 더 이상 엄마를 만나는 건 안 되겠다는 생각이 들었다. 그 이후로도 엄마는 고등학생인 나를 찾아왔지만, 불편했던 나는 애써 엄마에게 거절의 말을 건넸다.

"엄마, 이제 찾아오지 마세요. 엄마가 찾아오면 집안 분위기가 좋지 않아서 제가 너무 힘들어요."

지금 생각해 보면 몇 년간 보고 싶은 것을 참았다가 어렵게 찾아간 자식에게서 겨우 듣는다는 말이 '다시는 찾아오지 말라'는 것이었으니 엄마에겐 얼마나 마음 아픈 일이었을까 하는 생각이 든다. 나도 엄마의 마음을 이해하지 못한 건 아니다. 단지 잔잔하게 흘러가던 내 일상이 누군가의 갑작스러운 개입으로 혼란스러운 마음의 고통을 경험하는 것이 싫었고 화가 났기 때문이다. 물론 그동안 할머니의 보살핌으로 잘 적응하며 살아가던 나도 가끔은 엄마가 보고 싶을 때가 있었다. 하지만 갑작스레 찾아온 잠깐의 만남으로 인한 부작용은 감당하기가 버거웠고 엄마를 만날 때의 어색함도 싫었다. 이미 엄마의 자리는 존재감을 잃은 지 오래고, 내 마음을 존중받지 못한 불편함에 반갑지 않았다. 나는 학교 공부를 마치고 집으로 돌아왔고 아빠에게 엄마가 학교로 찾아왔던 이야기를 했다. 마음이 불편했다. 그리고, 두려웠다. 가늠이 안 되는 아빠의 반응 때문이었다. 잔잔한 호수에 던진 돌 하나가 호수 전체에 큰 파장을 일으키듯 조용한 분위기에 곧 불어닥칠 큰 폭풍을 예상하지 않을 수 없었다.

"아빠, 저 오늘 엄마 만났어요. 엄마가 학교로 찾아와서 옷도 사주시고 맛있는 것도 사주셨어요. 그런데 이제 더 이상 찾아오지 말라고 했어요. 이게 전부예요."

나는 최대한 감정을 뺀 상태로 건조하게 말했다.

"그랬어? 음…… 알았다. 그런데 너도 참 독하다. 엄마를 오지 말라고 했다니……"

전혀 예상치 못한 뜻밖의 반응이었다. 이건 도대체 뭐지? 라는 생각과 함께 매우 혼란스러웠다. 순간 짜증이 올라왔다. 지금껏 내 감정을 억누르며 아빠의 장단에 춤을 추고 있었다는 생각이 들어서였다. 그 뒤로 엄마는 나를 찾아오지 않았고 나 또한 평범한 일상을 살아갔다. 이혼가정의 자녀는 보통 1년 정도의 기간이 지나면 바뀐 환경에 적응하며 안정을 되찾기 시작한다는 연구가 있다. 대부분 자신만의 일상에 적응하게 되고 다른 이들과 다를 바 없는 평범한 하루를 살아가게 된다는 것이다.

내가 지금도 생생하게 기억하는 것은 중학생 때 엄마와 처음 만난

이후, 하나님께 끊임없이 원망의 질문들을 쏟아내며 내 상황에 대한 해답을 찾으려 몸부림치던 애처로운 모습이다.

"하나님! 저를 사랑한다면서요? 저를 구원하기 위해 예수님까지 십자가에서 죽게 하셨다면서요? 그런데 왜! 저에겐 행복한 가정은 주지 않으신 거죠? 왜! 부모님이 이혼하도록 그냥 내버려 두신 거죠? 왜요? 왜죠? 이게 당신이 저를 사랑하는 방법인가요? 당신이 할 수 있는 게 고작 이런 건가요? 그런가요? 이유가 뭐죠? 제발 알려주세요! 이 상태로는 저를 사랑한다는 성경 속 당신의 이야기는 도저히 믿을 수가 없어요! 왜! 이렇게밖에 될 수 없었는지 당신은 제가 이해할 수 있도록 꼭 말해줘야 해요! 제발요!"

하나님을 향한 나의 원망은 점점 깊어졌다. 나는 하나님께 잔뜩 화가 나 있었고, 미웠고, 싫었다. 성경 속에 나를 사랑한다는 말을 도저히 믿을 수 없었고, 믿어지지도 않았다. 그렇게 눈물, 콧물 쏟아내며 기도하던 어느 날이었다. 성경책을 읽는데 내 마음속으로 훅 들어오는 한 구절이 있었다. 그 구절과 연결되는 내용은 이러했다. 예수님과 제자들이 길을 가던 중 길거리에서 구걸하는 걸인을 보게 된다. 그는 태어날 때부터 앞을 보지 못하는 사람이었다. 이를 본 제자들은 예수님께 질문을 한다.

"이 사람이 소경으로 난 것은 자신의 죄 때문입니까? 부모의 죄 때문입니까?"

예수님은 제자들의 질문에 이렇게 대답한다.

"이 사람이 소경으로 난 것은 본인이나 부모의 죄 때문이 아니다. 그것은 이 사람을 통해 하나님의 일을 나타내기 위함이다."

이 말을 마친 예수님은 소경인 자의 눈을 뜨게 하는 기적을 베푼다. 이 내용은 내 동공을 심하게 흔들었고, 가슴 중앙에 꽂혀 온몸에 전율이 흐르게 했다. 나는 이 구절들을 읽고 또 읽었다. 내가 이해하고 싶어 간절했던 만큼 반복해서 읽었다. 마치 원망을 쏟아내며 절절히 기도했던 나에게 전달된 답변인 것 같았다. 나는 차분히 그 내용을 들여다보았다. 소경이 되어 앞을 볼 수 없는 삶이란 그 사람에게는 어려움이며 고통이라는 생각이 들었다. 마치 어린 나이에 부모님의 이혼을 경험한 나처럼 말이다. 그리고 소경 된 사람이 앞을 볼 수 없게 된 이유가 본인도, 그 부모의 잘못도 아니라는 구절에서는 이상하리만큼 내 마음이 편안해졌다. 어쩌면 부모님을 원망하고 싶지 않았던 내 깊은 마음을 알아주었기 때문이 아니었을까 한다. 여기까지는 괜찮았다. 문제가 되었던 마지막 구절 '태어날 때부터 소경이 된 것은 단지 그를 통해서 하나님을 나타내기 위한 것'이라는 말이 도대체 상식적으로 이해가 되지 않았다. '하나님이 너무 이기적인 것 아니야? 자신을 나타내기 위해서 부모님의 이혼을 막지 않았다는 거야? 아니면 이혼을 시킨 거야? 그렇다면 성경에서 말하는 사랑의 하나님이 아니잖아? 너무 잔인한 거 아니야?' 그 당시 나는 내 짧고 얕은 성경 지식으로는 도무지 그 심오한 뜻을 가늠할 수 없었다. 그래서 나는 이후로 다소 억지스러운 연결과 의미 부여하는 것을 멈춰버렸다.

　세월은 빠르게 흘렀고 나는 어느덧 성인이 되었다. 이혼가정 아이들을 전문적으로 돕는 사람이 되겠다는 꿈을 꾸며 나는 늦은 공부를 시작했고, 긴 여정 속 다양한 고통과 시련은 있었으나 포기하지 않고 꾸준히 그 길을 걷고 있었다. 석사과정을 공부하던 어느 날이었다. 나는 기분 좋은 설렘으로 그날 정해진 수업에 들어갔다. 그리고 자연스레 대강의실의 앞쪽 자리를 차지하고 앉았다. 작고 왜소한 나에게 앞자리는 시야를 방해받지 않고 집중도를 높일 수 있는 좋은 위치였다. 게다가 학교 최고의 인기 교수님 수업이었으니 두말할 필요가 있었겠나! 유성진 교수님은 전문가로서의 실력은 기본이고 이해하기 쉽게 잘 가르치는 것으로도 유명해 학생들 사이에서 인기가 높은 분이다. 역시나 강당 안의 북적거리는 학생 수는 교수님의 인기를 실감하기에 충분했다. 수업내용은 '외상후 스트레스 장애(PTSD)'에 관한 것이었다. 교수님은 전쟁을 겪은 군인들의 트라우마에 대해 차분히 설명을 시작하셨고, 나는 눈을 반짝이며 내용을 머릿속에 주워 담고 있었다. 그때였다. 갑자기 나의 가슴 한켠에서 울컥거림이 시작됐다. 금방이라도 눈물이 쏟아질 것만 같았다. 나는 입술을 꽉 깨물었고, 북받쳐 오르는 감정이 터져버리지 않게 꾹꾹 누르기 시작했다.

그러나 수업이 계속되면 될수록 내 감정 상태는 극에 다다랐고, 마치 주체할 수 없는 울음이 터진 아이처럼 이미 가슴으로 엉엉 울고 있었다. 그것은 내가 그토록 오랜 세월 미워하고 원망했던 아빠의 모습들이 조금씩 이해가 되기 시작했기 때문이다. '그럴 수도 있었겠구나!' '어쩔 수 없는 일일 수도 있었겠구나!' '자신조차 모르고 있는 것일 수도 있었겠구나!' 월남전에 참전하셨던 아빠는 나라로부터 받은 몇 개의 훈장과 그 증서를 인생 최대의 자랑으로 여기는 분이셨다. 그러나 나는 그런 아빠가 썩 존경스럽진 않았다. 왜냐하면, 참전군인으로서의 명예를 지켰을지는 몰라도 가정을 지키는 일에는 실패했다는 생각 때문이었다. 게다가 가정을 지키지 못한 책임을 엄마에게 떠넘기는 모습도 비겁해 보였고, 어른답지 않다는 생각에서였다. 그렇게 나는 긴 세월 동안 아빠를 미워하고 원망했다. 그랬던 아빠가 이해가 되기 시작하면서 엄마도 이해가 되고, 왜 우리 가정이 깨질 수밖에 없었는지도 이해가 되기 시작했다. 이것이 정확한 해석인지 아닌지 진실을 밝혀내는 일은 나에게 그다지 중요하지 않았다. 나에게 중요한 것은 내가 그토록 오랜 시간 미워했던 아빠와 엄마를 이해할 수 있게 되었다는 것이다. 그리고 결정적으로 중학생 때 이해할 수 없었던 성경 속 소경의 이야기가 가슴으로 이해가 되기 시작했다는 것이 놀라울 뿐이었다. 이혼한 부모님을 이해하는데 36년이란 세월이 걸렸다. 마치, 목캔디를 먹은 것처럼 막힌 가슴이 뻥 뚫리는 듯한 시원함을 느꼈다. 부모님의 이혼은 내 잘못도 부모님의 잘못도 아니었다. 물론 표면적으로는 부모님의 선택으로 인한 결과였지만, 또 다른 관점에서의 원인을 찾고 깨닫게 되는 순간 상황들이 이해가 되었다. 결국 부모님의 이혼이 왜 나를 살리고 각자 우리 가족을 살리는 것이었는지 더 명확해졌다. 결국 내가 믿는 하나님은 나를 사랑하는 것이 맞았다. 그분은 상상하지도 못한 방법으로 나를 사랑한 셈이다.

이처럼 누군가에게 이혼은 생존이었다. 그런 사람을 향해 '왜, 이혼했어?' '제정신이야? 도대체 애들은 어쩌려고?' '살다 보면 그만한 일은 누구나 겪어. 더 참았어야지!'라는 무수한 말들은 '너, 왜 살아왔어?' '다시 네 심장을 불구덩이에 던져!' '너보다 중요한 것은 갖춰진 가족이라는 세상의 틀이야!'라고 말하는 것과 뭐가 다르겠는가!

나는 그 이후로 말한다. '죄책감 갖지 마세요. 결국 그 선택이 우리를 살렸다는 걸 알았어요. 그러니 이젠 미안해하지 않아도 돼요."

나는 당신에게 진심으로 부탁하고 싶다. 부모님의 이혼이 가슴으로 이해될 때까지 당신의 분노 섞인 판단을 보류하길 바란다. 이혼이 최악을 피하기 위한 처절한 선택이었을 수도 있다는 것을 이해하게 된다면, 당신이 부모님을 미워하고 원망하면서 분노의 한세월을 보내지 않아도 되지 않겠나! 나는 당신이 부모님의 이혼을 진심으로 이해하는 날이 속히 오길 바란다. 쉽지는 않겠지만, 그분들의 한계를 이해했으면 좋겠다. 진정한 용서는 이해로부터 시작되며 그 용서는 당신이 행복해지기 위한 열쇠가 된다. 결국 용서를 위한 이해는 당신을 위한 것이다. 이제는 당신도 행복해지기를 선택해도 되지 않겠나!

마지막으로 2% 생존율의 암 판정을 받고도 자기와 같은 사람들에게 희망을 주기 위해 아메리카 갓 탤런트라는 프로그램에 참여해 골든 버저를 받았던 고 '제인'의 말을 끝으로 이 글을 마무리하려 한다.

"인생이 쉬워질 때까지 기다릴 순 없어요. 내가 먼저 행복해지기를 결심해야 해요!"

에필로그

　최근 13살 아들이 꽁꽁 얼어붙은 냇가에서 핸드폰 영상을 찍다 얼음이 깨지면서 물에 빠지는 일이 있었다. 다행히 물의 깊이가 아들의 무릎 정도였던 터라 온몸이 젖진 않았지만, 물에 빠진 핸드폰을 찾겠다고 손으로 휘저었던 탓에 팔과 가슴까지 젖어있었다. 아들의 모습은 마치 '겨울왕국'의 엘사처럼 얼어가고 있었다. 젖은 겨울패딩 위로 하얀 얼음꽃이 피었고, 입술은 덜덜덜 바쁘게 떨리며 파래졌다. 나는 놀랐을 아들의 마음을 진정시키고, 근처에 옷과 신발을 살 수 있는 곳으로 걸음을 재촉했다.

　"물이 깊지 않아서 천만다행이야. 많이 놀랐지? 얼마나 당황스러웠을까? 얼음 위는 진짜 조심해야 해. 갑자기 어디가 깨질지 모르거든. 그래도 어쨌든 물에 빠진 덕분에 새 옷이랑 운동화가 생겼네! 핸드폰에도 이상이 없는 것 같아서 너무 다행이고. 그렇지?"

"아! 정말 그러네요, 엄마. 사실 아까는 제가 물에 빠질 때 좀 놀라긴 했는데, 핸드폰을 잃어버릴까 봐 더 걱정됐어요. 그런데 엄마, 그거 알아요? 그 덕분에 진짜 신기한 동영상을 얻었어요. 핸드폰이 물에 빠지면서 물속 영상을 찍었더라구요. 물속 바닥에 쌓인 낙엽이랑 돌도 보이고, 핸드폰 찾는다고 손으로 휘저었을 때 났던 물소리도 녹음됐어요. 진짜 너무 신기해요! 아빠가 선물해 준 핸드폰 성능이 완전 최고예요! 이거 광고영상으로 써도 되겠어요. 하하하하"

"어머나! 진짜? 대박이다! 그래 맞아, 지금 하율이가 말한 것처럼, 100% 나쁜 상황이란 건 없어. 우리에게 닥친 상황들을 자세히 들여다보면 좋은 면과 그렇지 않은 면이 동전의 양면처럼 딱 붙어서 동시에 존재하거든. 그런데 말이야, 사람의 뇌는 생존에 반응하도록 설계가 되어있어서 좋지 않은 면으로 빠르게 집중하도록 만들지. 그 순간은 좋지 않은 면이 너무 크게 보여서 압도되는 거야. 그게 마치 전부인 것처럼! 변함없이 태양은 버젓이 빛나고 있는데도 먹구름에 가려져 그것이 없다고 느끼는 것처럼 말이야. 그래서 우리가 겪는 상황들을 좋은 경험으로 만들기 위해서는 의식적으로 좋은 면에 집중하고 선택하는 연습을 반복해야 하는 이유야! 오케이?"

뜻밖에 신기한 영상을 얻어 잔뜩 흥분한 아들은 오케이라며 환하게 웃었다.

꽁꽁 얼어붙은 겨울, 차가운 물에 빠진 일이 뭐 그리 좋아할 일인가? 그러나 아들은 긍정적인 면에 방점을 찍었다. 따뜻한 새 옷과 운동화, 핸드폰이 물에 빠지면서 찍었던 물속의 신기한 영상, 그로 인해 확인된 핸드폰의 놀라운 기능, 보호필름을 앞뒤로 부착하게 되면서 더 단단해진 핸드폰, 얼음 위에서 안전하게 놀 수 있는 방법을 터득하게 되고, 어려움이 처했을 때, 약속이라도 한 듯 자신에게로 향했던 가족의 따뜻한 사랑과 힘을 경험하게 되면서 자신이 소중한 존재임을 확인하게 되었다. 결국 그날 아들이 얼음물에 빠졌던 사건은 좋은 경험과 감사로 마무리되었다. 그 후로 아들은 의식적으로 긍정적인 면에 초점을 두고 감사하는 연습을 한다. 어쩔 땐 제법 나보다 나은 면모에 흐뭇할 때도 있고, 자신이 게임을 하는 상황의 좋은 면을 찾아보라고 능구렁이처럼 웃는 아들에게 헛웃음이 나오게 되는 부작용도 생기지만, 누가 봐도 고통스러운 상황과 공존하는 긍정적인 면에 의식적으로 방점을 찍고 의미를 재해석한다면, 세상의 고정되고 부정적인 패러다임으로부터 우린 분명히 자유로워질 수 있다.

자, 지금 당신은 나와 함께 역경을 스펙으로 만들고 사명으로 연결하는 아름답고 거룩한 여정에 들어섰다. 이번 여정은 어떠했는지 궁금하다. 이 책을 통해 그동안 당신에게 드리워졌던 편견들을 한 번에 제압할 수 있는 당당함이 생겼는가? 파도처럼 밀려왔던 온갖 부정적인 프레임 속에 갇힌 당신에게 자유를 선물했는가? 어쩌면 당신은 그것이 말처럼 쉽냐고도 할 수 있겠다. 이해한다. 책 한번 읽었다고 다 가능할 거란 생각은 하지 않는다. 그만큼 어려운 작업이라는 것쯤은 알고 있다. 그러나 깨닫기만 해도 반 이상은 온 것이나 다름없다. 나는 믿는다. 알아차리고 결단하는 순간 변하는 것은 시간문제라는 것을! 나 또한 편견 앞에 당당해진 지 얼마 되지 않았다. 지금까지 쏟아지는 편견 앞에서 나는 그런 사람이 아니라고 증명하기에 바빴을 뿐이다. 나를 증명하려 애쓰는 것이 어리석은 일이라는 것을 깨닫게 된 것도 얼마 되지 않았다. 이미 색안경을 쓰고 바라보는 사람들의 시선은 증명하려 애쓰는 내 존재마저도 쓰레기로 만들어 버렸다. 편견의 힘은 상상 이상으로 강력했다. 그래서 나는 더 강력한 대안을 찾아야 했다. 그것이 바로 '당당함'이었다. 내가 당당해질 때 편견은 힘을 쓰지 못했다. 신기하게도 '당당하다'라는 생각만으로도 내가 이혼가정 출신이든, 엄마 없이 자랐든, 할머니가 키웠든, 가난하게 자랐든 문제가 되지 않았다. 편견은 당당한 나를 함부로 흔들지 못했다. 다른 사람의 시선 따윈 상관하지 않게 되었다. 나는 그동안 나를 옥죄고, 머뭇거리게 만들고, 발목을 잡았던 한계를 조금씩 넘어서기 시작했다. 나 스스로에 대한 확신 또한 강해지기 시작했다. 참 시원하고 기분 좋은 경험이다. 당신은 나보다 빨리 이 좋은 과정을 경험했으면 좋겠다. 나는 이 비밀을 깨닫기까지 오랜 시간이 걸렸다. 누구도 나에게 말해 주지 않았다. 죽을 만큼 힘든 경험을 하고 나서야 비로소 깨닫게 된 보물 같은 생존 방법이다. 나는 이 소중한 비밀을 당신과 공유하고 싶다. 그래서 당신이 당당해졌으면 좋겠다. 이것이 진짜 당신의 모습이고 이미 그럴만한 힘을 가진 사람이다. 믿어지지 않는가? 당신만 모르고 있을 뿐이다. 당신 안의 진짜 당신을 믿고 도전하길 바란다. 세상의 비틀어진 편견과 한계의 틀에 멀쩡한 당신을 구겨 넣지 마라. 이제는 당당해지자! 더 이상 꾸물댈 시간이 없다. 이미 당신은 충분한 자격이 있지 않은가! 세상의 편견을 멋지게 제압하고 당당하게 빛나며 아름답게 존재할 당신을 기대한다.

이제 벌써 마지막 여정이다. 당당하게 빛나는 당신의 영향력이 사람을 살리고 세우는 거룩한 일에 들어설 수 있도록 다음의 내 이야기가 열정을 다해 인도할 것이다. 준비되었는가? 그럼, 마지막 다음 여정으로 당신을 안내하겠다. 출발!!!

내 인생은 내가 정의한다

초판 1쇄 발행 | 2025년 9월 8일

지은이 | 류에스더

펴낸이 | 김지연

펴낸곳 | 마음세상

출판등록 | 제406-2011-000024호 (2011년 3월 7일)

ISBN | 979-11-5636-639-3 (03190)

원고투고 | maumsesang2@nate.com

블로그 | blog.naver.com/maumsesang

* 값 18,000원